PRELIMINARY OPERATION PREPARATION
PRACTICE OF MODERN TRAM

现代有轨电车
初期运营筹备实践

刘书浩　冯旭杰 ● 主编

人民交通出版社股份有限公司
北京

内 容 提 要

本书共4章,内容包括:概述、运营筹备规划、运营筹备实施和典型城市运营筹备实践,系统介绍了现代有轨电车发展历程,围绕有轨电车初期运营筹备工作关键核心要素,阐述了运营筹备规划与实施全过程,并以国内典型城市现代有轨电车运营筹备实例进行了分析。

本书可供有轨电车相关理论研究者、管理者及相关专业学习者使用。

图书在版编目(CIP)数据

现代有轨电车初期运营筹备实践 / 刘书浩, 冯旭杰主编 . — 北京 : 人民交通出版社股份有限公司, 2022.10

ISBN 978-7-114-18238-9

Ⅰ. ①现… Ⅱ. ①刘… ②冯… Ⅲ. ①有轨电车—运营管理 Ⅳ. ①U482.1

中国版本图书馆 CIP 数据核字(2022)第 180980 号

Xiandai Yougui Dianche Chuqi Yunying Choubei Shijian

书　　名: 现代有轨电车初期运营筹备实践
著 作 者: 刘书浩　冯旭杰
责任编辑: 姚　旭
责任校对: 赵媛媛　魏佳宁
责任印制: 刘高彤
出版发行: 人民交通出版社股份有限公司
地　　址: (100011)北京市朝阳区安定门外外馆斜街3号
网　　址: http://www.ccpcl.com.cn
销售电话: (010)59757973
总 经 销: 人民交通出版社股份有限公司发行部
经　　销: 各地新华书店
印　　刷: 北京交通印务有限公司
开　　本: 720×960　1/16
印　　张: 11
字　　数: 172千
版　　次: 2022年10月　第1版
印　　次: 2022年10月　第1次印刷
书　　号: ISBN 978-7-114-18238-9
定　　价: 80.00元
(有印刷、装订质量问题的图书,由本公司负责调换)

编　写　组

主　　编：刘书浩　冯旭杰

副 主 编：袁迎胜　梁青槐　曾文泉

编写人员：李松峰　胡　昊　刘从岗　孙永全　沙　茜　郭振武
宋晓敏　宋爱国　穆雪微　吴伟辉　吴多云　贾文峥
刘　悦　胡雪霏　邱建立　孙　洲　蒲科岍　孔根生
蔡从志　韦相廷　邵文杰　陈　艳　李　晶　蒲小志
姚伟国　王　洋　李文芳　陈朝东　马　恺　梁　成
吴　可　孟　悦　赵天铖　林　翊　刘鹏辉　董　蕾
徐海君

前言

20世纪70年代后，随着汽车工业的快速发展和城市化进程的加快，世界范围内大城市普遍出现了地面交通拥堵、环境污染的问题。为解决这些问题，人们重新聚焦有轨电车，对有轨电车进行技术改造和升级。近年来，广泛应用的"现代"有轨电车以低碳、环保、运量更大的显著特点，受到越来越多国家的青睐，在世界范围内掀起了既有有轨电车改造和现代有轨电车建设热潮。截至2021年底，全球有62个国家和地区的417个城市运营有轨电车，线路里程达16886.58km，有轨电车在全球城市公共交通系统中具有举足轻重的地位。

2007年，天津开发区导轨电车1号线开通运营；2010年，上海市张江有轨电车一期工程开通；2016年，青岛市城阳区现代有轨电车开通运营；2017年，深圳市龙华有轨电车开通运营；2020年，天水市现代有轨电车开通运营……截至2021年底，我国有21座城市开通运营现代有轨电车线路37条，总里程达504km。我国现代有轨电车方兴未艾，进入快速发展期，成为多层次城市轨道交通网络体系的重要组成部分。

由于现代有轨电车在我国发展时间只有10年左右，规划、设计、施工、运营和管理尚处在摸索、积累经验的阶段，系列标准规范体系尚未完整建立。现代有轨电车是以地面敷设方式为主的轨道交通系统，其运营和管理与地铁大不相同，反而更接近常规公交系统，因此，其运营和管理具有独特的特点。为总结我国10年来现代有轨电车初期运营（以下简称运营）筹备实践经验，本书以深圳龙华现代有轨电车示范线为基础，结合成都、青岛、南京、天水现代有轨电车工作实践，系统、全面地介绍了现代有轨电车运营筹备的规划和实施，以及开通运营的实施与管控。希望能为城市现代有轨电车线路初期运营筹备提供借鉴，并为我国现代有轨电车相关标准规范的制定提供有益参考。

本书在撰写过程中参阅了大量国内外文献资料，由于时间等条件所限，未能与原作者一一取得联系，引用及理解不当之处，敬请见谅，并向这些文献资料的原作者表示衷心的感谢！由于作者水平有限，书中难免会有错误不妥之处，敬请广大读者批评指正。

编写组

2022年7月

目录

CONTENTS

第1章　概　　述

1.1　发展简史及现状

提起有轨电车，人们首先想到的可能是它在20世纪穿梭于欧洲城市街头的场景，古朴的造型与欧式风格的建筑相得益彰；也可能是旧时上海、大连街上律动有序的“咣当”声，那是一个时代的象征，也是世界轨道交通历史上浓墨重彩的记忆。如今，时过境迁，古老的有轨电车以全新的面貌再次进入大家的视野，受到人们的青睐。

1.1.1　国内外有轨电车发展历程

1）诞生

1879年，德国工程师维尔纳·冯·西门子在柏林的博览会上展出使用电力驱动的轨道车辆。1881年5月16日，由西门子-哈尔斯克公司在柏林西南部郊区建成了首条采用电力牵引的格洛斯-希特菲尔德（Cross-Lichterfelde）有轨电车线路（图1-1），并投入运营，该线路长2.4km。这标志着有轨电车作为客运交通工具正式投入使用。

2）兴盛

（1）国外。

第二次工业革命时期，电气时代进程的推进给有轨电车的发展创造了广阔的前景。20世纪20~30年代，有轨电车系统在欧美鼎盛发展，从人口规模几万人的小城市到超过100万人的大城市，都发展运营了有轨电车，其成为欧美等较发达国家各城市的主要公共交通工具。

图 1-1 最早的德国有轨电车

作为有轨电车的发源地，德国引领了世界有轨电车交通的潮流。以首都柏林为例，至1930年，其有轨电车线路长度已多达630km，超过90条。

美国的有轨电车始于19世纪后期，在20世纪30年代发展达到顶峰，运营线路总长度超过7.5万km，年载客量超100亿人次。

日本的有轨电车（图1-2）始于1895年，在最鼎盛的1932年，全国有65个城市开通有轨电车线路，线路总里程达1500km，年运送乘客27.59亿人次。

图 1-2 日本有轨电车

（2）国内。

我国最早的有轨电车出现在1899年的北京，由西门子公司建成了连接马家堡火车站与永定门的有轨电车线路；1902年，辽宁抚顺开通了有轨电车，配备26辆车；1904年，香港开通有轨电车，采用双层车厢形式（图1-3）；1905年，天津第一条公交有轨电车开通运营，线路环城运行，设站9座，配备车辆116辆；1908年，上海从英租界静安寺外滩开出了第一辆有轨电车，并建成了7条线路，配备车辆216辆；1909年，大连开通有轨电车，大连是中国内地唯一一个有轨电车未曾中断运营过的城市，201路有轨电车至今仍在运营；1925年，沈阳开通有轨电车线路，直至1937年共12km，21辆车；1939年，大连202路有轨电车线路开通运营；1941年，长春54路有轨电车开通运营，如图1-4所示。

图1-3 香港双层车厢式有轨电车

图1-4 长春54路有轨电车

3）衰落

（1）国外。

20世纪30年代，美国经济大萧条，随后波及整个资本主义世界，包括美国、英国、法国、德国和日本等国家都陷入了严重的经济危机。此外，第二次世界大战期间，许多城市有轨电车的轨道、站台都受到了不同程度的破坏，急需修复，但经济危机和第二次世界大战造成的通货膨胀、物资和劳动力短缺等，导致线路无法有效更新或维修，许多城市政府无力承担有轨电车的运营。第二次世界大战结束后，汽车工业兴起，私家车开始普及，运营成本低的公共汽车对有轨电车造成了猛烈的冲击，由此，许多国家逐渐拆除了有轨电车线路，有轨电车走向衰落。

1939年，美国的有轨电车线路长度由20世纪初的32180km缩减到了4344km。第二次世界大战以后，除纽约、芝加哥、费城、波士顿和旧金山几个大城市外，大部分线路都被拆除了。到1946年，有轨电车线路总里程仅有1917年的三分之一，到1977年仅有8个城市保留了有轨电车。

1950—1988年，日本共有37个城市、1140km的有轨电车被废除。

（2）国内。

20世纪中期，我国有轨电车同样受到汽车业的冲击，北京、上海、辽宁抚顺等各地关闭了有轨电车线路，只有大连、香港等地部分线路被保存下来（但也在后期针对线路、车辆进行了相应调整）。

4）复兴

虽然20世纪50年代后，有轨电车在北美、法国、英国、西班牙等地几乎完全消失，但以公共汽车代替有轨电车，并没有缓解日益严峻的交通拥挤现象，同时，为此付出的代价是公交客流量的持续下降。在瑞士、德国、波兰及东欧等国家和地区，有轨电车以独立路权形式得以保留，并且系统仍逐渐提升。

随着能源、土地利用和环境污染等城市问题的日益凸显，在欧洲，人们开始重新审视公共交通方式和公共交通政策，更加重视无污染、绿色、大运量的交通方式。系统改良后的有轨电车在此时进入了公众视野。20世纪70年代，有轨电车系统技术提升逐渐成熟，由于使用现代化、大容量的铰接式车辆，修建独立路权的有轨电车线路，使用特殊信号控制系统，修建与地铁、公共汽车换乘的枢纽，有轨电车重新获得了认可，在法国、英国、西班牙、北美等发达国家和地区以及全球许多发展中国家得到广泛应用。到20世纪80年代中期，又出现了更具有现代化技术的低地板车型，“现代有轨电车”呼之欲出。

伦敦在1952年取消最后的有轨电车线路，到20世纪末，人们在研究城市公共交通时重新发现，从动力、经济、安全、可靠、环保等方面综合评价，有轨电车确具独特的优势。因此，消失了半个世纪的有轨电车在伦敦街头重现。

还有一些欧洲城市，如斯特拉斯堡、罗马以及维也纳，新型的有轨电车也得到了长足发展。

5）现代化发展

近年来，有轨电车的技术不断革新，其采用最新的通信信号和控制技术，以及100%低地板车辆、以橡胶轮代替钢轮等。为区别于传统的有轨电车，新时代的有轨电车被称为“现代有轨电车”。它建造成本相对低廉，载客量远高于公共汽车，且外形美观，乘坐便捷，节能环保，赢得了民众的青睐。

法国的格勒诺布尔、巴黎波尔图、里昂、蒙彼利埃、特拉斯堡等多个城市，先后建成了现代有轨电车线路。受法国等城市有轨电车成功的鼓舞，美国、西班牙、英国等国家也纷纷开展了现代有轨电车的建设。德国、奥地利、瑞士等保留有轨电车的国家也加快了系统的升级改造，以提高有轨电车的运行安全性和运营效率。

2007年5月10日，我国天津开发区导轨电车1号线开通运营，天津有轨电车为胶轮导轨电车，是我国第一条投入商业运营的导轨电车线路；2010年1月1日，张江有轨电车一期工程开通运营，张江有轨电车采用的也是法国劳尔的胶轮导轨电车。自此，我国现代有轨电车开始兴起，相继出现在各个大、中城市的轨道交通网络中，并得到了越来越多的关注。

1.1.2　国内外有轨电车发展现状

从20世纪80年代起，世界各国已陆续着力发展现代有轨电车，2000年以后，更是开启了有轨电车的新纪元。截至2021年底，全球共有62个国家和地区的416个城市开通运营了有轨电车交通系统，运营线路里程共计16886.58km。全球六大洲开通有轨电车的城市数量及运营里程的统计结果见表1-1和图1-5。可以看出，有轨电车的起源地——欧洲的有轨电车城市数量和运营里程均占据全世界的70%左右，主要服务于欧洲50万~200万人口的大中城市，在城市公共交通系统里占据着举足轻重的位置；北美洲和亚洲有轨电车规模相当，里程数均占世界的10%左右，北美洲以美国为主，亚洲则以中国、日本为主；大洋洲、非洲和南美洲有轨电车的规模相对较小。

全球六大洲开通有轨电车城市的数量及运营里程统计（截至2021年底） 表1-1

排　名	地　区	城市数量（个）	运营里程（km）
1	欧洲	276	12788.01
2	北美洲	45	1802.12
3	亚洲	67	1502.91
4	非洲	13	311.04
5	大洋洲	6	297.4
6	南美洲	9	185.1
合计		416	16886.58

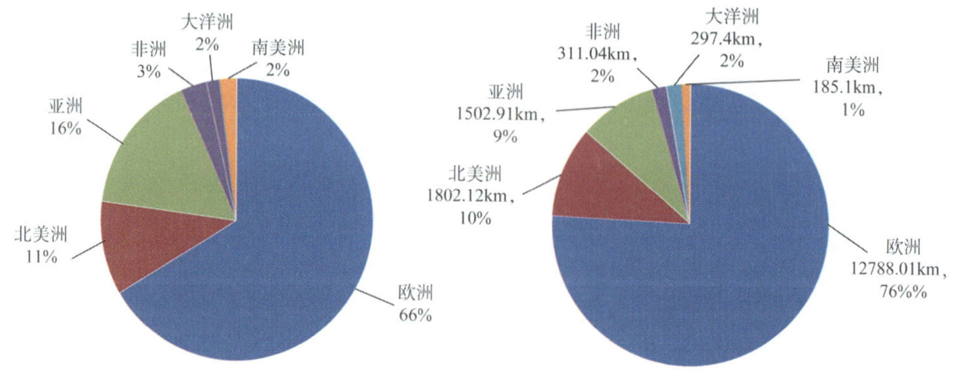

图1-5　六大洲开通有轨电车城市数量及运营里程统计图（截至2021年年底）

世界62个国家开通有轨电车的城市数量和运营里程统计结果见表1-2和图1-6。统计表明，目前有轨电车运营里程最长的国家是德国，达到了3210.3km；其次是俄罗斯，运营里程为2300.8km，美国以1591.12km的运营里程位列第三；第四~十位除中国外均为欧洲国家；中国（含港澳台地区）有轨电车运营里程为603.14km，居世界第七位；世界上有轨电车运营里程超过100km的国家共有30个。

世界各国开通有轨电车城市数量及运营里程统计表（截至2021年底） 表 1-2

排名	国 家	城市数量（个）	里程（km）	排名	国 家	城市数量（个）	里程（km）
1	德国	45	3210.3	32	斯洛伐克	3	91.5
2	俄罗斯	61	2300.8	33	阿尔及利亚	6	89.44
3	美国	39	1591.12	34	巴西	4	89
4	波兰	15	1057.4	35	朝鲜	2	72.5
5	乌克兰	19	1037.46	36	摩洛哥	2	50.5
6	法国	27	684.1	37	尼日利亚	1	44.7
7	中国	25	603.14	38	丹麦	1	44
8	罗马尼亚	11	432.7	39	塞尔维亚	1	43.5
9	意大利	13	362.5	40	智利	1	43
10	捷克	7	352.1	41	爱沙尼亚	1	39
11	比利时	5	348.9	42	爱尔兰	1	38.2
12	奥地利	5	315.7	43	突尼斯	1	36.8
13	澳大利亚	5	293.5	44	墨西哥	2	36.8
14	荷兰	4	290.5	45	菲律宾	1	36.55
15	西班牙	13	271.6	46	阿根廷	2	35.4
16	土耳其	10	239.8	47	埃及	1	32
17	瑞士	6	224.65	48	埃塞俄比亚	1	31.6
18	日本	18	215.3	49	希腊	1	27
19	拉脱维亚	3	213.9	50	马恩岛	1	27
20	匈牙利	4	189.3	51	毛里求斯	1	26
21	加拿大	4	174.2	52	波黑	1	22.9
22	英国	8	172.4	53	伊朗	1	19
23	哈萨克斯坦	4	166.6	54	以色列	1	13.8
24	挪威	3	160.1	55	乌兹别克斯坦	1	11.5
25	瑞典	4	160	56	厄瓜多尔	1	10.7
26	葡萄牙	4	158.2	57	阿拉伯联合酋长国	1	10.6
27	保加利亚	1	154	58	印度	1	8
28	白俄罗斯	4	129.4	59	卢森堡	1	4.6
29	克罗地亚	2	128.3	60	哥伦比亚	1	4.3
30	韩国	2	106.12	61	新西兰	1	3.9
31	芬兰	1	96	62	阿鲁巴	1	2.7

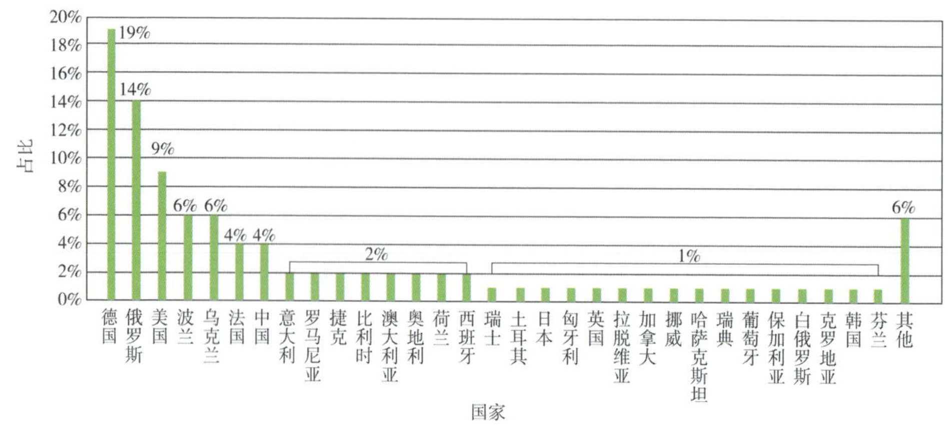

图 1-6 世界各国有轨电车运营里程统计图（截至2021年底）

根据中国城市轨道协会公布的《2021年中国内地城轨交通线路概况》，截至2021年底，国内共有20座城市开通运营现代有轨电车，运营总里程为503.33km，相比2020年，里程数增长8.34%。运营里程最长的为沈阳市，线路长度102.7km（含共线）。

1.2 现代有轨电车定义及系统特点

1.2.1 定义

《北京市现代有轨电车技术标准》将现代有轨电车定义为“采用新型低地板多模块铰接钢轮钢轨车辆，弹性车轮，电力牵引，包括电阻、液压、磁轨等多种制动方式，具有美观、环保、适应小曲线半径和大坡度运行特点、较强的起制动能力，以地面专用道为主的城市公共交通系统”。

上海市工程建设规范《有轨电车工程设计规范》（DG/TJ 08-2213—2016）将现代有轨电车定义为“依靠司机瞭望驾驶，采用沿轨道行驶的电力牵引的低地板有轨电车车辆，按地面公交模式组织运营的公共交通系统”。

国家交通运输部颁布的行业标准《有轨电车试运营基本条件》（JT / T 1091—2016）将现代有轨电车定义为“由电力驱动，沿轨道运行，可与地面道路混行的中低运量轨道交通方式”。

住房和城乡建设部颁布的行业标准《城市有轨电车工程设计标准》(CJJ/T 295—2019)将现代有轨电车定义为“与道路上其他交通方式共享路权的低运量城市轨道交通方式，线路通常设在地面”。

综合以上定义，结合我国现代有轨电车的实际情况，本书将现代有轨电车定义为“由电力驱动，沿轨道运行，可与地面道路混行的中低运量轨道交通方式”。

1.2.2 系统特点

(1)运输能力。在城市轨道交通系统体系中，现代有轨电车属中低运量交通系统，其运输能力一般为0.5万~1.5万人次/h。该运量等级可有效填充城市公共交通系统中大运量的地铁和常规公交之间的“运能”空白。

(2)速度。现代有轨电车最高运行速度一般为70km/h，平均旅行速度为18~30km/h，可有效填充快速轨道交通与常规公交之间的“速度”空白，在城市公共交通体系平均旅行速度上有“承上启下”的作用。

(3)网络化运行。现代有轨电车根据服务范围的需求，基于物理线网线路，通过共线运行，可以组织多种运行交路，实现网络化运行。网络化运行是发挥有轨电车灵活性以及提高运行效率的关键。

(4)建设成本。我国现代有轨电车交通系统工程每公里综合造价一般为1亿~2亿元，与地铁相比，建造成本大大降低。

(5)工程施工及工期。现代有轨电车线路以地面敷设为主，地下隧道工程和高架桥工程很少，因此，其工程施工比较简单，工期也较短，一般为0.5~1年。

(6)环境。现代有轨电车以电力牵引，如果代替城市常规公交，对城市环境来说将是一种十分友好的交通系统。

1.3 有轨电车分类及其技术参数特征

有轨电车在悠久的历史演化过程中出现了多种不同类型。通常可根据走行制式、车辆地板高度、供电方式来划分。

1）按走形制式分类

现代有轨电车走行制式主要分为钢轮钢轨式和胶轮+导轨式两种制式。

钢轮钢轨式有轨电车车辆一般车体较宽较长，载客量比胶轮导轨制式要大，同时钢轮钢轨系统历经一百多年发展，工艺已经非常成熟，性能相对可靠，维护也相对容易。目前，国内绝大多数城市都选择钢轮钢轨制式。

胶轮+导轨式有轨电车车辆使用橡胶轮胎行驶，车轮隐藏在车体内，采用导向轮与导轨接触进行导向，地板离地面高度低。车辆的两个导向轮从两侧夹住导轨，将车轮固定在导轨上（图 1-7）。具有加速度大、转弯半径小、爬坡能力强等优点，但也存在一些缺点，如橡胶轮胎较易磨损且产生的橡胶颗粒易污染环境，需要定期对路面进行维护等。我国上海浦东张江有轨电车采用的就是胶轮系统（图 1-8）。

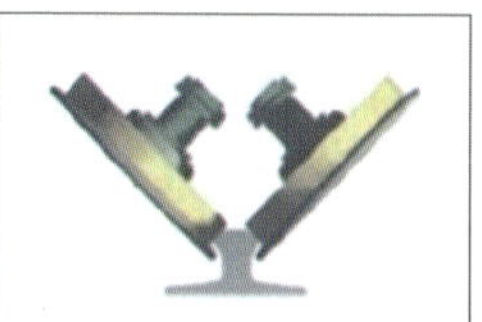

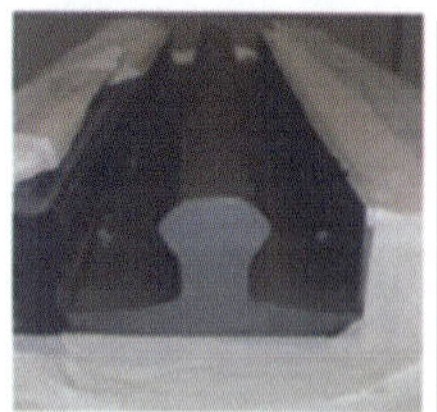

导向装置（左上）和导轨的剖面（左下：模型）。安装后呈现V字形的两个导轮从两侧夹住导轨，将车辆固定在导轨上（右上）。导轨顶端突出部位的间隙比轨道头部宽度窄，因此，从其结构上讲，不会发生脱轨现象

↑：Translohr 的转向架结构。行驶轮为胶轮。车辆前后有两组导向装置夹住车轴，它能引导Translohr 沿着行车道中央的导轨向前行驶

图 1-7　胶轮+导轨现代有轨电车

图 1-8 张江有轨电车

钢轮钢轨与胶轮+导轨有轨电车技术参数对比参见表 1-3。

钢轮钢轨与胶轮+导轨有轨电车技术参数对比表 表 1-3

性能指标	钢轮钢轨	胶轮导轨
最大加速度（m/s^2）	≥1.0	≥1.3
紧急减速度（m/s^2）	≥2.5	≥5
40km/h运行，车内噪声［dB（A）］	≤71	≤69
40km/h运行，车外7.5m噪声［dB（A）］	≤78	≤74
最小转弯半径（m）	18	10.5
最大坡度（‰）	60	100
设计速度（km/h）	80	80
供电方式选择	多种	多种
运行速度（km/h）	20~35	15~25
地板形式	50%~100%低地板	100%低地板
车辆宽度（m）	2.3~2.65	2.2~2.4
车辆长度（m）	22~45	25~38

2）按车辆地板高度分类

为满足人性化设计的需求，现代有轨电车多采用低地板车辆。受车辆传动系统和电气设备布置的限制，低地板有轨电车车辆可分为部分低地板、全低地板。通常用车辆低地板部分面积占客室面积之比的百分比来衡量，图 1-9 为70%低地板有轨电车基本结构示意图，图 1-10 为100%低地板有轨电车基本结构示意图。

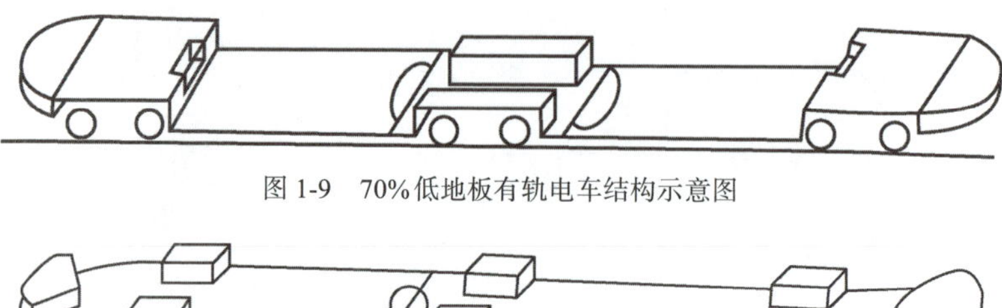

图 1-9　70%低地板有轨电车结构示意图

图 1-10　100%低地板有轨电车结构示意图

国内低地板有轨电车车辆以70%和100%两种为主。70%低地板现代有轨电车在长春、大连等城市已经有成熟运营经验，车辆购置费为1200万~1700万元/编组，全生命周期维护费平均每年为60万~100万元/编组（因编组模块数量不同及车辆结构及性能不同，费用有所不同），国产化率高，可以达到90%以上，车辆价格相对较低。100%低地板现代有轨电车提高了车辆的舒适性和便捷性，逐渐成为新建线路选型的主流趋势。但由于其国产化率相对较低，一般在70%左右，车辆购置价格和运营维护费用相对较高，车辆购置费为1600万~2200万元/编组，维护费每年为80万~120万元/编组。70%低地板及100%低地板现代有轨电车技术参数比较见表 1-4。

70%低地板及100%低地板现代有轨电车技术参数比较　　表 1-4

性能指标	70%低地板	100%低地板
驱动特性	交流旋转电机	交流旋转电机
动力转向架	轮对转向架	轮对转向架或独立车轮转向架
非动力转向架	独立车轮转向架	轮对转向架或独立车轮转向架
设计速度	80km/h	80km/h
最高运行速度	70km/h	70km/h
最小曲线半径	25m	18m
爬坡能力	60‰	60‰
供电方式	接触网+储能装置	接触网+储能装置
编组	基础3模块，可扩编为5模块	基础3/4/5模块，可扩编为6~9模块

续上表

性能指标	70%低地板	100%低地板
国内应用情况	沈阳	苏州、广州、珠海、南京
最大载客量	300人左右	350人左右
购置费	1200万~1700万元/编组	1600万~2200万元/编组
维护费	60万~100万元/编组	80万~120万元/编组

3）按供电系统分类

有轨电车车辆按供电方式可分为接触网供电和无网供电。无网供电有地面供电方式、车载储能式供电方式和氢燃料电车供电方式。地面供电方式有第三轨供电（APS）、磁性吸附式供电（TramWave）和电磁感应供电（PRIMOVE）等；车载储能式供电方式主要有蓄电池供电和超级电容供电，如图 1-11 所示。

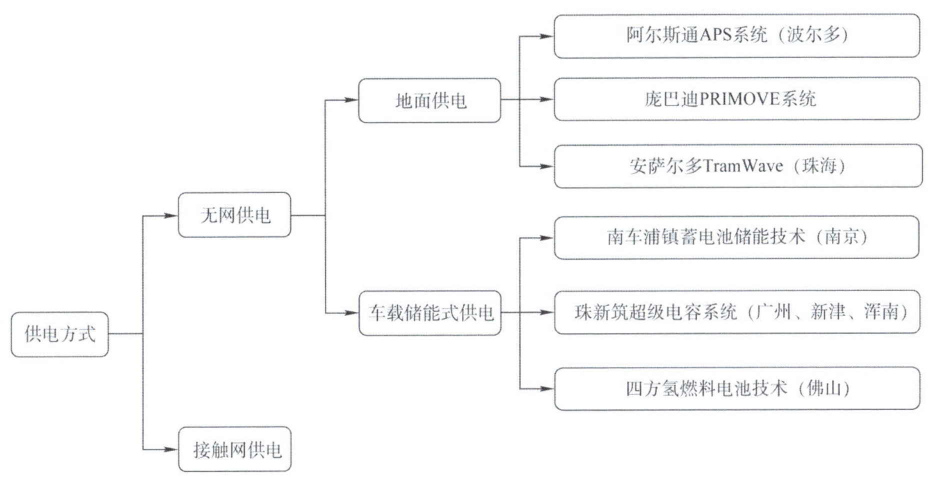

图 1-11　有轨电车供电方式分类

1.4　功能定位

对世界范围内有轨电车运营线路分析得知：83.6%的运营线路分布在人口规模小于500万人的城市，88%的线路服务于城市中心城区，72.5%的线路作为中小城市骨干线。概括起来，现代有轨电车系统的功能定位如下：

（1）作为大城市轨道交通网中的辅助线路。

在已建设或规划建设大运量快速轨道交通的特大城市或大城市，有轨电车在轨道交通线网中主要起辅助线路的功能，可作为中心城区轨道交通线网的加密与衔接线，提高中心城区轨道交通网的覆盖密度，如法国大巴黎区有轨电车、上海松江有轨电车；可作为轨道交通线网在外围新区的延伸，如苏州市高新区有轨电车1号线，作为苏州轨道交通线网中服务西部新区的延伸线，在苏州乐园站与苏州地铁1号线、3号线衔接换乘；也可作为新区或卫星城内部的骨干线，如成都新津有轨电车R1线。

（2）作为中小城市轨道线网中的骨干线。

对于中小城市，轨道交通运量需求在中低运量层级，选用现代有轨电车作为轨道交通线网骨干线是一个很好的选择，如法国波尔多有轨电车、江苏淮安有轨电车。

（3）作为区域特色公交线路。

在旅游地区，有轨电车可以为旅游特色公交线路，发挥有轨电车运量大、舒适、美观等优势，如北京有轨电车西郊线主要服务香山、颐和园等景区。在大型公园或者企业园区，有轨电车可作为内部联络线使用，如东莞华为松山湖园区有轨电车线路。

1.5 系统设施设备

1.5.1 线路

1）最小曲线半径

线路平面最小曲线半径指车辆可以安全通过的线路圆曲线的最小半径。线路最小曲线半径的选取主要与车辆形式、道路条件、线路设计行车速度等因素有关。

(1) 有轨电车车辆形式及最小转弯半径。

目前，世界上广泛使用的有轨电车主要有加拿大庞巴迪公司的Flexity系列、法国阿尔斯通公司的Citadis系列，以及德国西门子公司的Avenio系列。国内车辆生产企业生产的有轨电车，多是引进、吸收上述国外公司的技术。车辆的最小转弯半径主要受转向架轴距及结构的影响，不同形式的车辆最小转弯半径见表1-5。

不同形式有轨电车最小转弯半径 表1-5

有轨电车型号	最小转弯半径(m)
Flexity系列	15
Citadis系列	20
Avenio系列	18

可以看出，主流有轨电车的最小转弯半径为15~20m。有轨电车线路的最小曲线半径大多数情况不受其控制。

(2) 城市道路最小曲线半径。

现代有轨电车线路一般沿城市道路敷设，城市道路的曲线半径对有轨电车线路的曲线半径选择影响很大。根据《城市道路工程设计规范（2016年版）》（CJJ 37—2012），城市道路圆曲线最小曲线半径见表1-6。

城市道路圆曲线最小曲线半径 表1-6

<table>
<tr><td colspan="2">设计速度（km/h）</td><td>100</td><td>80</td><td>60</td><td>50</td><td>40</td><td>30</td><td>20</td></tr>
<tr><td colspan="2">不设超高最小半径（m）</td><td>1600</td><td>1000</td><td>600</td><td>400</td><td>300</td><td>150</td><td>70</td></tr>
<tr><td rowspan="2">设超高最小曲线半径（m）</td><td>一般值</td><td>650</td><td>400</td><td>300</td><td>200</td><td>150</td><td>85</td><td>40</td></tr>
<tr><td>极限值</td><td>400</td><td>250</td><td>150</td><td>100</td><td>70</td><td>40</td><td>20</td></tr>
</table>

(3) 十字交叉口。

我国城市道路中一般十字交叉口缘石的最小半径为：主干道20~25m；次干道10~15m；支路6~9m。在城市道路交叉路口处，有轨电车与城市道路车辆共享路权且不设曲线超高，有轨电车线路最小曲线半径一般不宜小于50m。

(4) 线路设计行车速度。

根据《城市有轨电车工程设计标准》（CJJ/T 295—2019），有轨电车线路在设置曲线超高的情况下，对应的圆曲线最小曲线半径见表 1-7。

有轨电车圆曲线最小曲线半径 表 1-7

设计速度（km/h）		70	60	50	40	30	20
设超高最小曲线半径（m）	一般值	300	220	150	100	65	25
	困难值	250	190	130	85	45	20

综上所述，有轨电车线路最小曲线半径主要受城市道路条件影响较大。

2）最大坡度

有轨电车线路纵断面最大坡度主要受车辆性能、城市道路条件和乘客舒适度等因素影响。

（1）车辆性能。

有轨电车主流车辆的最大爬坡能力基本上在50‰~80‰之间。

（2）城市道路纵坡。

根据《城市道路工程设计规范（2016年版）》（CJJ 37—2012），城市道路机动车车行道最大纵坡度推荐值与限制值见表 1-8。

城市道路机动车车行道最大纵坡度推荐值与限制值 表 1-8

设计速度（km/h）		100	80	60	50	40	30	20
最大纵坡（‰）	一般值	30	40	50	55	60	70	80
	极限值	40	50	60	60	70	80	80

在城市道路中，行车速度在40km/h以上的道路，其纵向坡度一般值均小于70‰。据此标准，即城市一、二级次干路，一级以上支路的道路都可以敷设有轨电车。

（3）桥梁最大纵坡。

受桥梁支座和桥梁伸缩缝的限制，《公路路线设计规范》（JTG D20—2017）、《铁路桥涵设计基本规范》（TB 10002—2017）规定桥梁的最大坡度为40‰。有轨电车线路为高架敷设方式，还需满足此标准。

（4）纵坡坡度对乘客舒适度的影响。

据试验，当车辆在大于45‰的坡道上运行时，乘客会有较明显的不舒适感，因此，从乘客舒适度角度考虑，有轨电车线路纵坡一般不宜大于45‰。

有轨电车线路坡度受沿线城市道路的纵坡和乘客舒适度影响较大，正线最大坡度一般不宜大于50‰；困难地段最大坡度不应超过60‰。桥梁最大纵坡受桥梁支座和伸缩缝的限制，最大纵坡为40‰。

3）配线

配线指除正线外，为列车提供收发车、折返、联络、安全保障、临时停车等服务功能的线路。有轨电车配线设置宜满足以下要求：

（1）应充分发挥有轨电车网络化运营特征，满足运输组织需求，增加运输组织的灵活性，同时还应考虑工程实施的难易程度及工程投资等因素。

（2）停车线尾端应设置单渡线与正线贯通，正线上每隔2~3座车站（或每隔2~3km）加设一处设置临时折返的渡线，满足故障运行工况的需要。

（3）折返线应根据行车组织交路设计确定，起终点站、折返站应设置折返线、折返渡线或灯泡线，折返能力应满足系统最大设计能力的运营要求。

（4）折返线布置应结合车站站台形式确定，可采用站前折返或站后折返形式，并应满足车辆折返能力要求，折返线和故障列车停车线有效长度（不含车挡长度）不应小于远期列车长度+安全距离，安全距离包括停车误差和信号瞭望距离在内，一般取15m。

（5）出入线宜在车站端部接轨，并具备一度停车再起动的条件，出入线应按双线双向运行设计。

（6）车辆基地出入线应连通上下行正线，宜采用互通道岔同时连通上下行双方向，其通过能力应根据系统最大设计能力要求、运营要求和平面交叉口通过能力计算核定。

（7）联通运营的线路之间应设联通线，宜采用互通道岔连接，接轨站的配线应保证进站车辆不会因进站进路被占用而停在交叉口范围内。

1.5.2　车站

车站的位置、布置形式及其规模对有轨电车的运营至关重要。

1）车站位置

有轨电车线路沿道路纵向时，车站位置可分为路中式和路端式两种。

路中式车站位于道路中段，需要设置过街设施，一般与城市道路交叉口间距较短，占用道路资源较多，对机动车辆的影响较大，所以应用较少。

路端式车站位于道路交叉口处，由于此处道路一般都有增设的进口道、交叉口加宽等既有措施，所以路端式车站无须拓宽交叉口即可满足车站的道路用地。路端式车站可分为近端和远端两种形式。近端式车站位于交叉口进口道，车辆在过交叉口前进站停靠；车辆驶过交叉口后停靠的车站为远端式车站。近端式与远端式并无优劣之分，只是分别适用于不同的道路情况，其特点及适用情况见表 1-9。

不同路端式车站特点及适用情况　　表 1-9

路端式	信号优先	线路转弯	适用情况
近端式	信号优先措施简单	需要设专用信号相位	线路在交叉口没有转向
远端式	难以实现完全信号优先，易造成延误	线路转向容易，不需要设专用信号相位	线路在交叉口需要转向或两条道路相交角度不足90°的交叉口

2）站台形式

车站站台形式可分为侧式、岛式以及两种相结合的混合式。侧式站台设置在上下行线路两侧，岛式站台设置在上下行线路之间，混合式站台通常用于换乘站。

（1）侧式站台。

有轨电车的侧式站台主要分为两种：对称侧式站台（图 1-12）和不对称侧式站台（图 1-13）。

对称侧式站台布置在有轨电车线路两侧，一侧一个站台，宽度相对较窄，车辆上下行分不同站台进行上下客，车辆右侧开门。该站台形式，站台两侧在同一断面，占地面积较大，对断面要求高，一般适用于在路外侧设置。

不对称侧式站台主要考虑到受同一断面车道宽度的限制，将侧式站台沿线路纵向错开布置。可结合交叉口出口道，均衡交叉口两侧的渠化和展宽，同时乘客分散在两侧的人行横道上，有利于乘客交通组织，适用于在道路断面宽度相对紧张，采用人行横道进行乘客组织的情况。

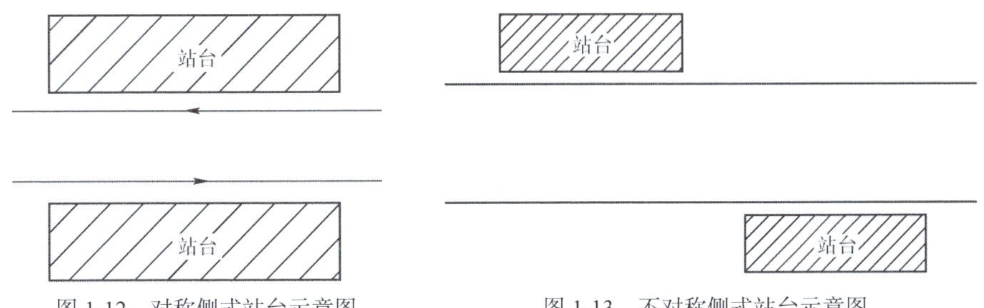

图 1-12 对称侧式站台示意图　　图 1-13 不对称侧式站台示意图

（2）岛式站台。

岛式站台布置在有轨电车线路之间（图1-14），一般宽度较宽，上下行车辆都要利用该站台上下客，上下行车辆皆为左开门。该站台形式总用地面积小，但由于站台面积大，所以设置要求高，一般需要布设行人立体过街设施，适用于有中央分隔带或路外侧等道路用地相对宽裕的位置，以及道路交叉口处。

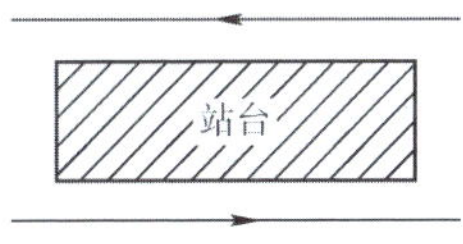

图 1-14 岛式站台示意图

如果站台宽度受限，岛式站台还可设置为长岛式站台（图1-15）。站台长度为普通岛式站台的两倍，宽度则与侧式站台相同，不同方向的车辆停靠在站台的不同列位上。它与不对称式站台的本质都是利用道路的长度换取了道路的宽度，以达到减少车站处占用路幅宽度的目的，也更有利于不同方向客流的换乘。这种岛式站台主要应用于现代有轨电车系统中。

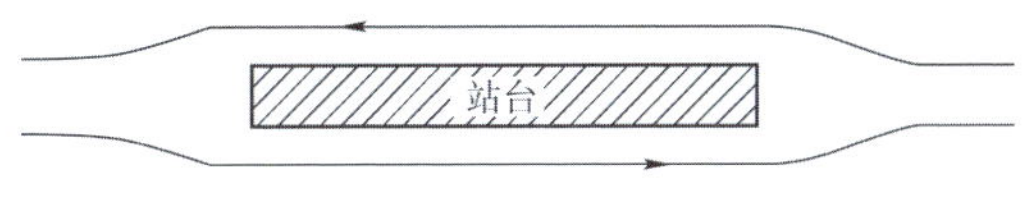

图 1-15 长岛式站台示意图

各类站台形式的主要特点与适用范围见表 1-10。

现代有轨电车岛式站台与侧式站台的适用条件 表 1-10

特征	站台形式			
	岛式站台	长岛式站台	对称侧式站台	不对称侧式站台
站台宽度（m）	3~4	2~2.5	2~2.5	2~2.5
线路与车站占用道路宽度（m）	7.5~8.5	6.5~7.5	9.5~11	7.5~9.5
换乘便捷性	异向换乘较方便	异向换乘较方便	异向换乘较不方便	异向换乘较不方便
适用情况	几乎全部路段（除非路面宽度受到限制）	路面宽度受到限制，且长度足够布置车站	路段中，一般为有轨电车专用路	路宽受限的交叉口

（3）混合式站台。

混合式站台为岛式站台和侧式站台的结合，根据实际情况，可采用对齐式混合的形式（图 1-16）和错开式混合的形式（图 1-17）。该站台形式，上下行一边右开门，一边左开门。主要适用于客流来源主要在一侧、设置站台空间有限的情况。

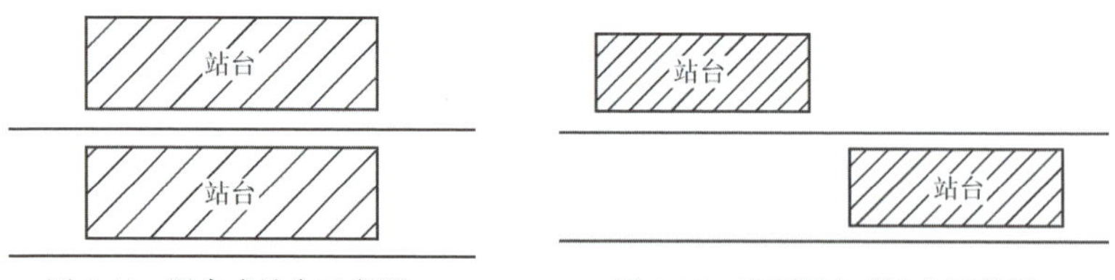

图 1-16 混合式站台示意图　　图 1-17 错开混合式站台示意图

1.5.3 轨道

根据走行系统的不同，《城市公共交通分类标准》（CJJ/T 114—2007）将现代有轨电车分为钢轮钢轨式和胶轮导轨式两种。

1）钢轮钢轨式轨道

钢轮钢轨式轨道与传统铁路轨道相近，列车钢轮运行在两根钢轨上，钢轨承重并起导向作用。其轨道结构，也可分为有砟轨道和无砟轨道，为方便与其他车辆共享路面和路权，在无砟轨道基础上又发展了埋入式轨道结构。

（1）有砟轨道。

现代有轨电车有砟轨道与传统铁路有砟轨道基本一样，在有砟道床上放置轨枕，轨枕上铺设钢轨。有砟轨道具有造价低廉、排水性能好、易于铺设、便于维护等诸多优点，但它需要专有的路权，且道砟易造成城市道路污染，多在郊区使用，不适合在市区使用。

（2）无砟轨道。

无砟轨道是以混凝土结构代替散体道砟的轨道结构。相较有砟轨道，无砟轨道具有高平顺、高稳定、少维修、易清洁等优点。无砟轨道虽然解决了道砟污染的问题，但钢轨凸出在路面上，使现代有轨电车不能与其他交通方式共用路权。

（3）埋入式轨道。

在无砟轨道的基础上，埋入式轨道将全部轨道结构埋入路面之下，轨面和路面平齐，具有保持城市路面、与其他车辆共用路权、很好地解决了现代有轨电车与其他路面交通车辆共用路权的问题，并可以集约道路资源。目前国内外现代有轨电车多采用埋入式轨道。

不同轨道类型及其特性见表1-11。

现代有轨电车轨道类型及其特性 表1-11

轨道类型	有砟轨道	无砟轨道（非埋入式）	埋入式轨道
造价	低	较高	高
养护维修	有砟道床是轨道变形的主要源地，养护工作频繁，但易于养护作业	轨道变形小，日常养护工作量小	日常养护维修工作少，但更换轨道的工程量巨大
城市环境影响	轨道弹性好，噪声易控制，道砟影响城市环境和景观	需要特殊的减振降噪处理，以满足城市内运行的要求	需要埋入减振材料以降低噪声，对道路景观几乎没有影响
机动车运行条件	不可	不可	可以
适用条件	城市外围区，尤其是铁路线路改造后为现代有轨电车所用	城市内，有轨电车有独立路权	城市内，现代有轨电车与其他交通方式共享路权

2）胶轮导轨式轨道

胶轮导轨式现代有轨电车车辆行走系统为橡胶轮胎，轨道由走行轨和导轨组成。车辆导向轮经导轨引导车辆运行。导轨一般焊接为无缝结构，铺设于路面混凝土或沥青混凝土中（图1-18）。

图 1-18　胶轮导轨式轨道

1.5.4　车辆

车辆性能对现代有轨电车的应用起决定性作用。目前世界范围内现代有轨电车车辆采用低地板化、模块化的形式。低地板车辆方便乘客乘降，可减少车辆的站停时间，提高运行速度，不需要建设专用的车站站台；模块化结构的车体有利于车辆的标准化设计和生产，便于调整车辆编组（在运营初期，由于客流量较小，可采用基本模块编组；随着客流量的增加，可在原车的基础上增加相应的模块）。

结合国内有轨电车相关规范和已经开通的线路实例，现代有轨电车车辆的主要技术规格见表 1-12。

现代有轨电车车辆主要技术规格　　表 1-12

序号	名　　称	低地板有轨电车车辆
1	车体宽度(mm)	2650
2	车辆最大高度(mm)	≤3700
3	车内客室通道净高(mm)	≥2000

续上表

<table>
<tr><th>序号</th><th colspan="2">名　　称</th><th>低地板有轨电车车辆</th></tr>
<tr><td>4</td><td colspan="2">入口处地板面高度(mm)</td><td>≤350</td></tr>
<tr><td rowspan="2">5</td><td rowspan="2">客室侧门净宽度 (mm)</td><td>双开门</td><td>≥1300</td></tr>
<tr><td>单开门</td><td>≥800</td></tr>
<tr><td>6</td><td colspan="2">客室侧门净高度(mm)</td><td>≥1800</td></tr>
<tr><td>7</td><td colspan="2">转向架固定轴距 (mm)</td><td>≤1900</td></tr>
<tr><td>8</td><td colspan="2">车钩高度(mm)</td><td>≤660</td></tr>
<tr><td>9</td><td colspan="2">受电弓工作高度(mm)</td><td>3900 ~ 5600</td></tr>
<tr><td>10</td><td colspan="2">轴重(t)</td><td>≤12</td></tr>
<tr><td>11</td><td colspan="2">紧急制动平均减速度（m/s^2）</td><td>≥2.5</td></tr>
<tr><td rowspan="2">12</td><td colspan="2">载客量 AW2（6 人/m^2）</td><td>≥240</td></tr>
<tr><td colspan="2">载客量 AW3（8 人/m^2）</td><td>≥300</td></tr>
</table>

注：1. 车体宽度不包含后视摄像头、后视镜、示廓灯。
2. 车辆最大高度包含车载储能设备。
3. 车厢内地板斜度不超过6°。
4. 减速度条件为AW2载荷和车轮半磨耗状态及干燥、清洁、平直的轨道和额定电压下。

（1）车长。

目前，《有轨电车工程设计规范》（DG/TJ 08-2213—2016）未对车辆基本长度进行明确。苏州高新区、南京河西麒麟100%低地板有轨电车长度为32300mm；沈阳70%低地板有轨电车长度为28800mm，沈阳100%低地板有轨电车长度为34800mm，上海松江100%低地板有轨电车长度为32662mm，淮安、广州海珠线有轨电车长度为35000mm，目前已开通运营的有轨电车长度基本在37m以下。

车辆加长或联挂应按与之匹配的模块进行组合，其最大组合长度不应大于75m。

（2）车宽。

国内运营的有轨电车车辆宽度一般为2650mm和2400mm两个尺寸。

（3）车高。

《有轨电车工程设计规范》（DG/TJ 08-2213—2016）规定车辆最大高度≤3750mm。

苏州高新区、南京河西麒麟车辆高度为3600mm，沈阳有轨电车为3600mm，上海松江有轨电车带超级电容的车辆高度为3840mm，不带超级电容的车辆高度为3760mm，考虑到超级电容是车辆的一部分，有轨电车位于道路中，要满足道路净空要求，因此，车辆最大高度一般不超过3900mm。

1.5.5 供电系统

现代有轨电车供电系统可分为接触网供电和无网供电两大类。一直以来，有轨电车的供电系统以接触网供电为主，该方式结构简单，较为可靠，但对于城市来说，接触网影响城市视觉景观，因此，无网供电技术一直是现代有轨电车追求的目标。

现今无网供电主要有地面供电和车载储能式供电。地面供电方式又可分为APS、TramWave和PRIMOVE等；车载供电方式主要有蓄电池供电、超级电容供电以及氢燃料电池供电。无网供电方式综合比较见表1-13。

无网供电方式比较表　　表1-13

指标	地面供电			储能装置供电	
	TramWave系统	APS系统	PRIMOVE系统	超级电容	蓄电池
供货商	安萨尔多	阿尔斯通	庞巴迪	西门子及CAF	阿尔斯通
城市景观效果	好	好	好	好	好
工程实例	那不勒斯、珠海	法国奥尔良、波尔多、兰斯	奥格斯堡试验线	德国曼海姆、西班牙塞维利亚、广州海珠环岛	尼斯
技术成熟性	比较成熟	相当成熟	较为成熟	比较成熟	一般
工程实施难度	模块化	模块化	预制	无土建	无土建
国产化进度	2012年中车集团大连厂技术引进该技术	无	无	2012年中车集团株州机厂技术引进该技术	中车集团浦镇厂与庞巴迪进行合作研发

续上表

指标	地面供电			储能装置供电	
	TramWave系统	APS系统	PRIMOVE系统	超级电容	蓄电池
运营维护	困难	困难	困难	容易	困难
造价	490万元/km	574万元/km	595万元/km	1898万元/列	2100万元/列
优点	技术新颖、安全可靠	技术新颖，供电可靠	无网供电、无磨耗	功能密度大、寿命长	续航能力强、充放电时间长
缺点	磨耗、运营维护量大	磨耗和积水预防	多能量传输、效率较低	充放电时间短	寿命较短

1）地面供电

（1）第三轨供电。

第三轨供电主要为APS供电系统，是由阿尔斯通公司开发的无网供电技术方案。该方案在轨道中间铺设供电轨来替代接触网供电，车辆底部设有受电靴。APS系统采用地面实时分段接触式供电，列车经过地段，给供电轨相应段供电，其余部分由绝缘轨道隔开。列车驶过后，断开供电轨段的供电。此外，车上一般还配备蓄电池组，以保证车辆通过绝缘地段时为车辆持续供电。

第三轨供电布设在路面，需要在沿线埋设大量分区供电轨旁设备，这对设备的安全性、可靠性、防水性和沿线市政排水系统提出了非常高的要求。第三轨供电系统投资成本为4000万~5000万元/km，成本较高，运营养护维修成本也较高，因此一般与接触网供电方式相结合使用，在景观要求较高的局部区段采用APS系统，其余区段采用接触网。第三轨供电方案在法国奥尔良、波尔多、兰斯等城市已有成功应用。

（2）磁性吸附式供电。

磁性吸附式供电主要有TramWave地面供电技术，是意大利安萨尔多STS公司的先进专利技术，从其运用于公交车的Stream系统转化发展而来，系统由车载受流器与埋于轨道中的供电装置构成，两者通过磁相互作用，使车辆通过轨道段，轨道和电源接通，当车离开轨道时，轨道连接到安全负极，以确保安全。TramWave系统投资成本为1500万~2000万元/km，也比较高，一般也是与传统接触网结合使用。目前该系统在意大利那不勒斯有轨电车得到了应用，其安全性和可靠性得到检验。

（3）电磁感应供电。

电磁感应供电主要有庞巴迪公司推出的PRIMOVE技术，采用无线感应供电方式，在轨道中分段铺设逆变器，将轨道供电电缆750V的直流电逆变为400V/20Hz的交流电；轨道中铺设的初级感应线圈，通过不超过70mm的气隙，在次级感应出400V交流电，然后转换成600V直流电，使车辆可以在行驶中或静止时进行充电。尽管无线传输的效率能做到90%以上，但由于能量经过了DC/AC、交流感应、AC/DC等多个环节，因此其系统效率较一般牵引系统低，整个系统的效率为50%~60%。其最大优点在于一次侧与二次侧实现了物理分离，不会有APS和TramWave存在的磨耗问题。此外，该系统兼容所有路面，不必建设接触网系统。采用PRIMOVE系统，在线路的轨道之间和沿线需要埋地敷设和安装供电设施，其投资和后期的维护成本较高，投资成本为2000万~2500万元/km。

2）车载储能供电

车载储能式牵引供电系统可以进行实时供电，是现代电动汽车技术在现代有轨电车系统的延伸应用和发展。采用储能式牵引供电系统，彻底消除了接触网对城市景观的不利影响，适用于城市内对景观要求比较高的地方。

（1）超级电容供电。

超级电容供电是以高能超级电容作为储能元件，为牵引及辅助系统提供电力供应，满足无接触网运营要求，制动的能量全部反馈到储能设备。车辆利用站停时间，采用调压恒流充电。超级电容容量及性能须满足全线最大站间距、最大坡度及各区段爬坡要求，容量设计应具有足够的续航能力，当线路上任一充电桩出现故障时，不影响列车正常运行。超级电容最大的优点是快充快放，随着超级电容能量技术的提升，超级电容已经逐步在有轨电车上广泛使用。

（2）蓄电池供电。

蓄电池电源供电原理上与超级电容器相同。阿尔斯通在尼斯于2007年12月开通了一条有轨电车线路，线路穿过两个重要的广场（每年狂欢节的主要广场）段，取消了接触网，采用了蓄电池组供电方案，在每列车上布设540V DC、200kW SAFT镍氢蓄电池，供电能力达80A·h，电源27kW·h。但在有接触网和没有接触网变换地段，需停车进行动力切换，并在广场两端都配有车辆停靠站，线路的另一端设有电池充电柜，对电池组深度充电，以确保电池组具有足够的列车牵引动力。这种供电方式的缺点是充电时间过长。通常也是与接触网供电结合使用。

（3）氢燃料电池供电。

这种供电方式利用车载储氢瓶作为供电元件。车载储氢瓶采用碳纤维材料，最高可承受相当于1000kg的压力，其智能检测系统还可对氢燃料电池系统进行两级保护。氢燃料电池在整个反应过程中最高温不超过100℃，唯一的产物是水，既安全又环保。作为有轨电车的储能装置，一次性充氢15min，即可连续运行100km。

1.5.6 信号系统

信号系统作为现代有轨电车运行指挥中枢，承担着保障列车在轨道上安全有效运行的任务。

1）传统有轨电车信号系统

传统有轨电车信号系统由运营调度管理、道岔控制、路口信号控制、车辆段、车载5个子系统构成，其整体架构如图1-19所示。

传统有轨电车信号系统自动化程度低，需要司机目视驾驶，手动扳动道岔，因此只能满足运营的基本要求，不适应目前现代有轨电车对行车安全和运营效率的要求，这种信号系统制式正在逐渐被淘汰。

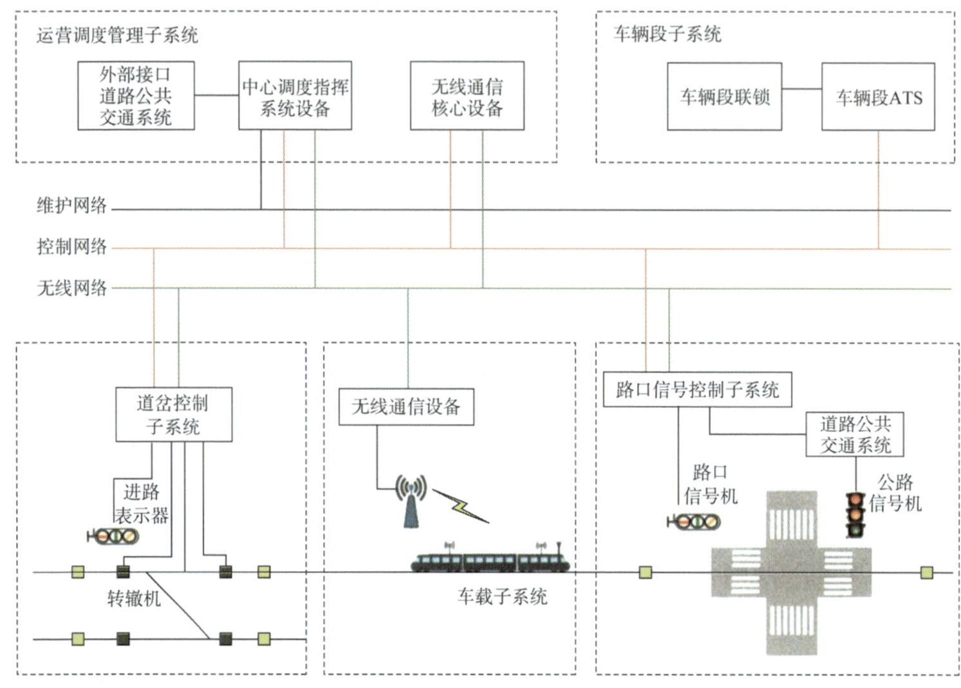

图 1-19　传统有轨电车信号系统架构

2）基于通信的列车自动控制（CBTC）信号系统

CBTC（Communication Based Train Control）信号系统是一种基于无线通信，支持移动闭塞的信号系统，目前在城市轨道交通项目工程中得到广泛应用。CBTC 信号系统由列车自动监控(Automatic Train Supervision，ATS)子系统、列车自动防护(Automative Train Protection，ATP)子系统、列车自动控制(Automative Train Control，ATO)子系统、计算机联锁(Computer Interlocking,CI)子系统、数据通信子系统(Data Communication System，DCS)、维护监测子系统、车辆段子系统等组成，其架构如图 1-20 所示。

（1）ATS 子系统。

ATS 子系统由控制中心服务器、骨干网交换机、正线设备集中站 / 非设备集中站交换机、本地服务器、车辆段 ATS 设备等构成，具有自动排列进路、列车运行调整、列车监督和追踪、时刻表管理、设备监督报警等功能。

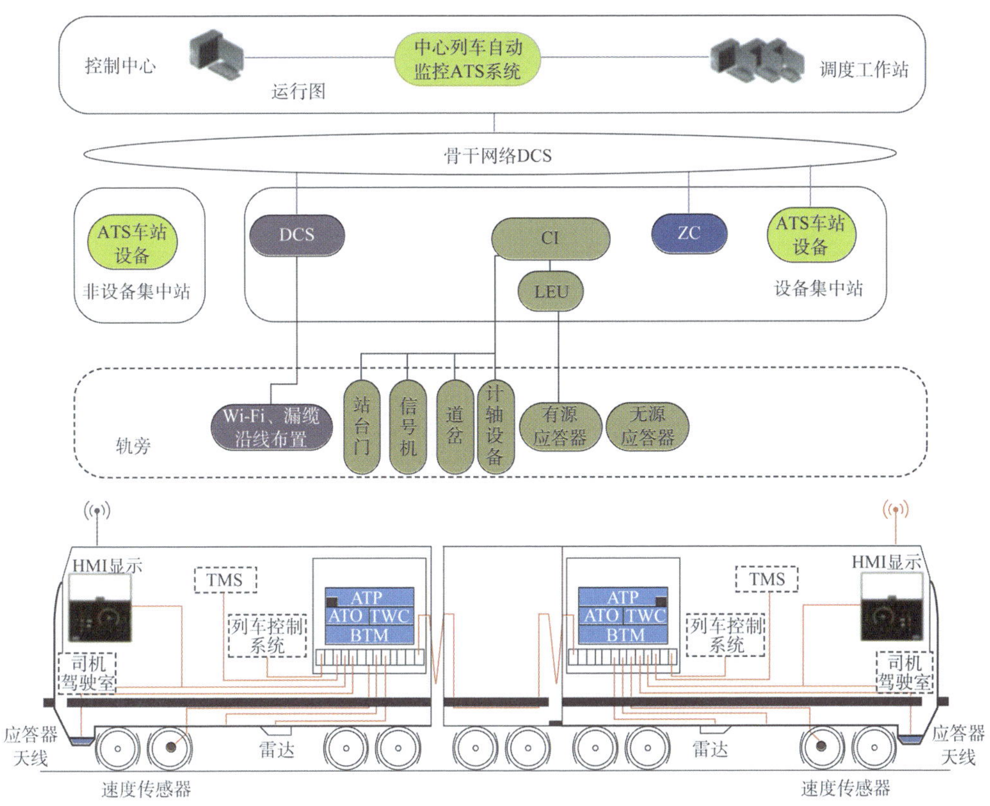

图 1-20　CBTC 信号系统架构

（2）ATP 子系统。

ATP 子系统包含轨旁设备［区域控制器（Zone Controller,ZC）］和车载设备，是为列车安全、高效率运行提供技术保障的主要系统，具有列车定位、列车追踪、列车间隔控制、车门和站台门监控、退行监控、自检和自诊断等功能。

（3）ATO 子系统。

ATO 子系统在 ATP 安全防护条件下，依据从 ATS 系统接收的命令达到控制列车自动运行的目的，具有列车自动运行、无人自动折返、精确停车、车门控制等功能。

（4）CI 子系统。

CI 子系统具有进路控制、信号机控制、道岔控制、操作及维护信息管理等功能。

（5）数据通信子系统（DCS）。

数据通信子系统（DCS）为信号系统中的ATP/ATO、ATS等子系统提供稳定、快速、可靠、安全的数据传输通道，是一个封闭通信网络。主要包括有线网络、车地无线网络两部分。其中，有线网络由ATP骨干网、ATS骨干网、LTE-A骨干网和LTE-B骨干网4张物理上独立的环状骨干网络构成，通过光纤环路互联的以太网交换机提供标准的100M/1000M以太网接口；车地无线网络目前采用WLAN（Wireless Local Area Network，无线局域网）技术和LTE（Long Term Evolution，长期演进技术）技术。

（6）维护监测子系统。

维护监测子系统负责汇集各车站联锁、灯丝报警仪、计轴、道岔缺口的诊断和监测报警数据，并对这些状态数据进行综合分析和诊断，实现全线信号设备状态的集中监督和实时展现。

（7）车辆段子系统。

车辆段子系统通过设置计算机联锁设备和集中监测系统设备，完成对场段内信号设备运行状态的实时监督和在线检测，当设备状态异常时，及时为维护人员提供有效报警信息。

3）点式ATC信号系统

点式ATC信号系统与CBTC信号系统的主要区别在于系统实现控制的原理及数据通信DCS子系统的功能，其他子系统功能基本相同。

点式ATC信号系统为分层控制系统，能够实现点式通信级和联锁级二级列车控制功能。第一级联锁级控制，为点式通信级列车控制设备故障时的底层后备，由地面信号系统为列车运行提供全面的联锁防护；第二级点式通信级列车控制，为主用控制级，由地面信号系统和车载设备协作，为列车运行提供点式ATP防护。

点式ATC信号系统以闭塞分区的方式，实现列车运行间隔的控制，通过有源应答器定点向列车发送前方进路信息，并根据列车自身存储的线路数据信息，按照列车安全制动模型，控制列车运行间隔和安全防护距离，并实现列车超速防护。

数据通信子系统（DCS）在ATS/ATP系统的设备间组成环状的有线网络链路，以实现双向信息传输功能。有线网络由二层骨干网交换机、三层交换机、接入交换机构成，其中骨干网由信号专业独立组网。通过配置网管工作站，实现网络管理功能，即对网络接入设备工作状态实时监控，对故障进行告警和记录。

4）新型有轨电车信号系统

新型有轨电车信号系统基于车地无线通信，通过将区域控制器与计算机联锁功能模块整合，从而实现一体化控制，可以同时实现联锁功能和ATP功能，支持在ATP防护下的自动驾驶、目视驾驶模式的运营，其系统架构如图 1-21所示。

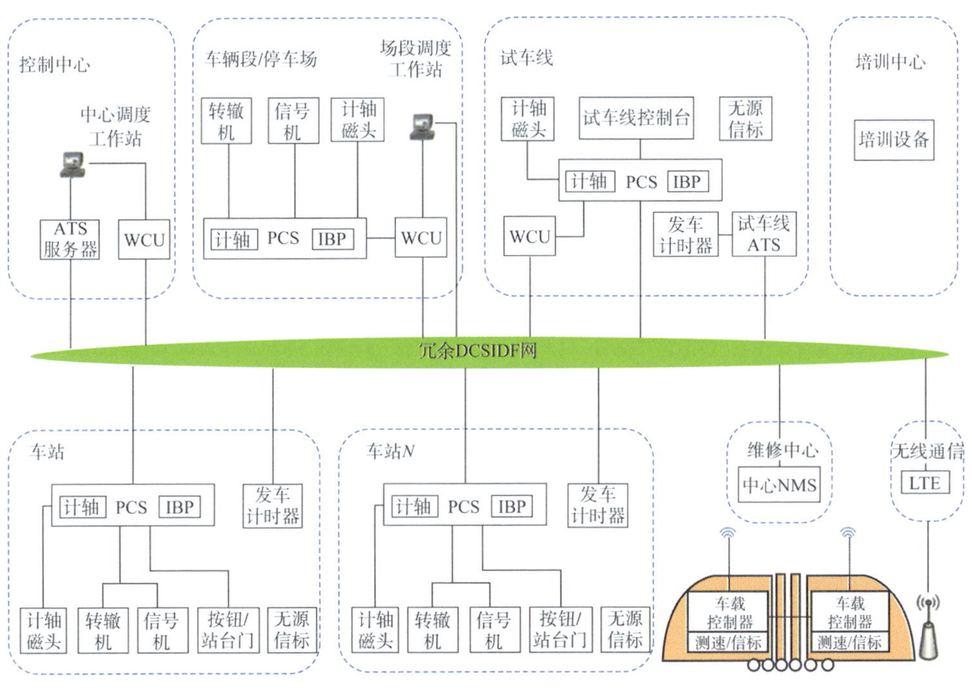

图 1-21　新型有轨电车信号系统架构

新型有轨电车信号系统与CBTC信号系统相比，控制中心、车载和场段信号设备配置基本一致，主要区别在于将轨旁设备区域控制器和计算机联锁模块整合

成轨旁控制子系统，且对数据通信子系统（DCS）进行了优化。

（1）轨旁控制子系统。

轨旁控制子系统由PCS道岔控制器、WCU控制器、无源信标构成，其中PCS道岔控制器和WCU控制器是轨旁控制子系统的核心设备。PCS道岔控制器采用分布式控制模式，每个道岔区域配置独立控制机柜，按照室外型设备设计，不需要配置设备用房。PCS道岔控制器主要包括控制主机、I/O（输入/输出）单元、继电接口，以及集成的计轴主机和综合后备盘(Integrated Backup Panel,IBP)等。车站和场段PCS控制器具有道岔和信号机控制、紧急停车按钮控制等功能，并且支持远程维护功能，可以在控制中心通过远程维护工作站或便携式终端，实现道岔控制器的远程配置、维护、监控与管理。

WCU控制器包括中心和场段WCU控制器，主要设备有WCU主机、通信单元和切换单元、电源模块、维护诊断单元等。中心WCU控制器配置联锁和列控功能，包括列车管理、列车位置追踪、列车移动授权计算、进路办理、道岔和信号机控制、紧急停车按钮控制等功能。场段WCU控制器仅配置联锁功能，包括进路办理、道岔和信号机控制等功能。

无源信标安装在轨道上，其主要作用是辅助列车完成精确定位。

（2）数据通信子系统（DCS）。

新型有轨电车对数据通信子系统的无线通信网络进行优化设计，采用综合承载网(LTE-M)。由于列车运行控制业务信息影响行车安全，对无线通信的可靠性要求较高，因此，组建A、B双网冗余结构，A网承载CBTC业务，B网承载CBTC业务、列车状态信息、车载CCTV（Closed Circuit Television,闭路电视）业务、PIS（Passenger Information System，乘客信息系统）业务以及紧急文本信息等。综合承载网(LTE-M)网络架构如图1-22所示。

各种信号系统的特点对比见表1-14。传统有轨电车信号系统适用于半独立路权、混合路权，建设成本虽低，但存在自动化程度低、运行效率低等缺点；CBTC信号系统具有功能完善、安全等级高、运行效率高等优点，但建设成本高，目前成熟应用于地铁系统，也可应用于独立路权的有轨电车系统；点式ATC信号系统只适用于独立路权的有轨电车，具有轨旁设备少、运行效率较高等优点，但建设成本较高；新型有轨电车信号系统适用于独立路权、混合路权的有轨电车项目，能满足用户定制化需求和系统高可靠性要求，相比较而言，其建设成本和运维成本处于中等水平。

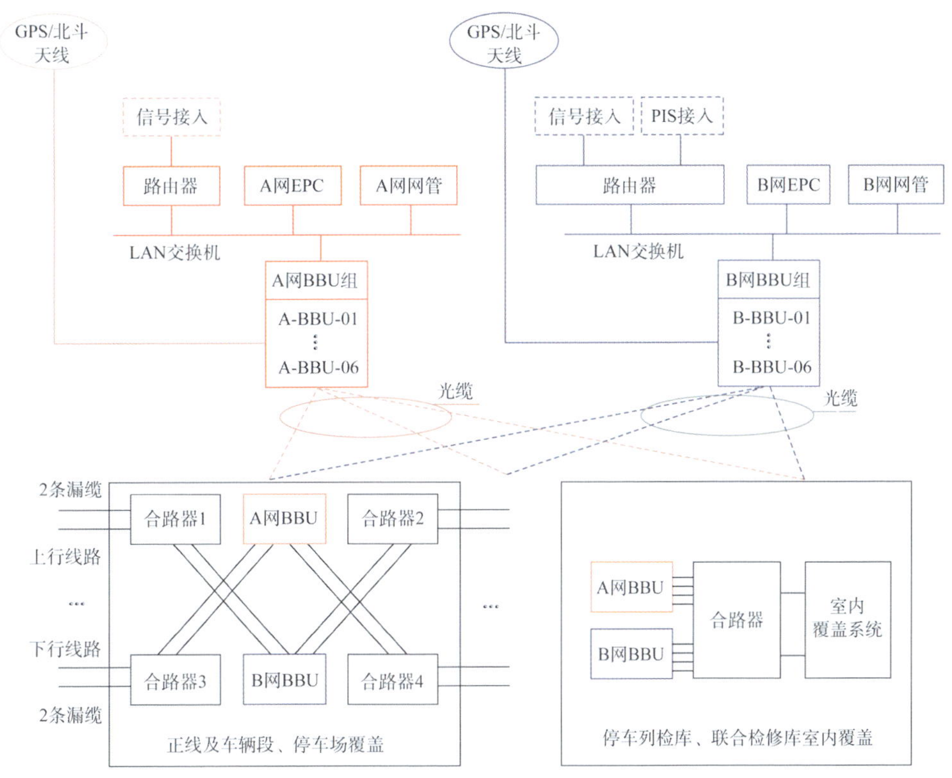

图 1-22　综合承载网（LTE-M）网络架构

不同信号系统制式对比　　表 1-14

项目	传统有轨电车信号系统	CBTC信号系统	点式ATC信号系统	新型有轨电车信号系统
系统功能	司机目视驾驶，对道岔进行防护	支持ATO和ATO功能，并配置点式降级模式	支持点式ATO和点式ATP功能	支持ATO和ATP功能
适合路权	半独立路权、混合路权	独立路权	独立路权	独立路权、混合路权
系统能力	运行间隔3min	运行间隔2min	运行间隔2.5min	运行间隔2min

续上表

项目	传统有轨电车信号系统	CBTC信号系统	点式ATC信号系统	新型有轨电车信号系统
运行速度	支持30km/h	支持40km/h	支持40km/h	支持40km/h
车载安装空间	车载设备较少，安装空间需求小	车载设备较多，安装空间需求大	车载设备较多，安装空间需求大	车载设备可模块化，需要与车辆协调安装
正线车站设备用房	无须设备用房	需要按地铁标准配置设备用房	需要设备用房	无须设备用房
建设成本	低	高	较高	中

1.6 系统运行组织

1.6.1 运行组织模式

现代有轨电车一般采用地面线路，列车可两列连挂，可共线运行，发车间隔不固定，运行组织十分灵活。

有轨电车线路地面平交，通过设置适当的双线联络线，可使不同线路很方便连线成网，可达性更好，通过多交路、共线运行等网络化运行组织，可以增加运行线路的直达性，减少乘客换乘次数。线路独立运营模式（图1-23）和网络化运行模式（图1-24）运行特点对比见表1-15。

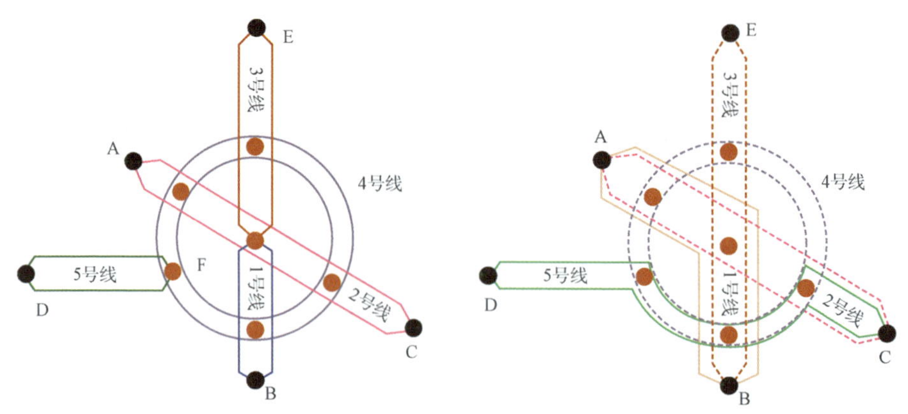

图1-23　各线独立运营模式

图1-24　共线/跨线运营模式

两种运营模式比较　表 1-15

项目	独立运营模式	共线/跨线运营模式
直达性	换乘次数较多，直达性低	减少换乘次数，直达性高
换乘方式	需要利用地面人行通道或开放空间步行至另外一站乘车	可在共线车站同站台换乘
车站服务水平	每个车站发车间隔相对固定	不同运行线列车到发间隔相对浮动，有可能两列车同时到达车站
列车运行秩序	单一、稳定	容易受其他运行线干扰或延误
联络线	较简单，仅满足工程车或列车调度，进出维修基地，可设置单线	较复杂，受路口布置影响，需要满足双向列车通过，设置双线

1.6.2 行车间隔

江苏省住房和城乡建设厅、江苏省土木建筑学会城市轨道交通建设专业委员会主编的《现代有轨电车工程技术指南》提出，在信号相对优先策略下，建成初期为保障对客流的吸引力，高峰时段最小行车间隔不宜大于8min，平峰时段最大行车间隔不宜大于12min；远期高峰时段不宜大于5min，平峰时段不宜大于10min。《有轨电车工程技术导则》（T/CCES 9—2020）第4.2.1条规定：骨干线高峰时段旅行速度不宜小于20km/h，远期高峰时发车间隔不宜大于3min，平峰时段发车间隔不宜大于8min，补充线高峰时旅行速度不宜小于18km/h，高峰时发车间隔不宜大于6min，平峰时段发车间隔不宜大于12min。《有轨电车工程设计规范》（DG/TJ 08-2213—2016）规定：线路的最大行车间隔初期高峰时段不应大于5min，平峰时段不宜大于10min；远期高峰时段不应大于2.5min，平峰时段不宜大于6min，低峰时段不宜大于15min。

交叉口通行延误是行车间隔的主要影响因素。按照不同信号控制策略，最小行车间隔计算见表 1-16。在交叉口信号绝对优先策略情况下，考虑到有轨电车运营安全，一般最小发车间隔不低于2min；在交叉口相对信号优先策略与定时信号控制策略情况下，最不利条件下有轨电车的最小行车间隔不低于6min；在交叉口相对信号优先策略下，最不利情况下的最小行车间隔不低于4min。在设计中，行车间隔为相关专业设计计算的依据，最小行车间隔可取3min。

有轨电车最小发车间隔计算表 表 1-16

信号控制方式	绿信比	模　块	最小发车间隔（min）		
			4车道	6车道	8车道
绝对信号优先	—		2.0		
相对信号优先	0.3	5模块	2.0	2.3	2.3
		7模块	2.1	2.3	2.4
		5+5模块	2.3	2.5	2.5
	0.25	5模块	2.6	2.8	2.8
		7模块	2.6	2.8	2.9
		5+5模块	2.8	2.9	3.2
	0.2	5模块	3.2	3.5	3.5
		7模块	3.5	3.5	3.8
		5+5模块	3.5	3.8	4.2
定时信号控制	0.3	5模块	3.0	3.3	3.3
		7模块	3.2	3.3	3.5
		5+5模块	3.3	3.8	3.8
	0.25	5模块	3.8	4.0	4.0
		7模块	3.8	4.0	4.3
		5+5模块	4.0	4.3	4.6
	0.2	5模块	4.6	5.0	5.0
		7模块	5.0	5.0	5.5
		5+5模块	5.0	5.5	6.0

在已开通运营的有轨电车线路中，各线路行车间隔差异较大。淮安有轨电车高峰发车间隔为6min，其他线路高峰行车间隔一般为8min。大部分线路平峰行车间隔在10min，沈阳和广州则达到16~18min。

根据对已有标准规范的分析以及理论计算分析，综合考虑国内城市已开通有轨电车线路的实际行车间隔，在设计中，骨干线路行车间隔可按照以下方式选取：

初期，高峰发车间隔不宜大于8min，平峰发车间隔不宜大于12min；

远期，高峰发车间隔不宜大于3min，平峰发车间隔不应大于10min。

1.7 有轨电车发展典型案例

1.7.1 德国弗莱堡

弗莱堡位于德国西南边陲，靠近法国和瑞士，是德国巴登-符腾堡州的直辖市，弗莱堡大行政区的首府，人口约20万人。它被广泛认为是德国最温暖、阳光最灿烂、最古老、最具旅游吸引力的城市之一。在弗莱堡，有轨电车是唯一可以出入市中心的车辆。许多居民出行都会选择这种便宜、便捷的交通方式。因此，有轨电车线路也被称为弗莱堡的“城市脊梁”。

1899年5月8日，弗莱堡市议会决定在Stühlinger修建电力驱动的有轨电车交通系统，修建供电站和有轨电车交通的任务交给了柏林的西门子和哈尔斯公司。1901年8月30日，进行了第一次试运行，并于秋季开始了首次运营。网络由4条线路组成，最初的线路长度为9km，有34个车站（图1-25）。从1902年起，有轨电车年运输客流量超过300万人次。

图1-25　1901年线网图

20世纪60年代末期，当许多其他城市讨论废除有轨电车的时候，弗莱堡采取了保留并将之现代化改造的策略。1969年，结合新的城市规划，特别是城市西部的规划，制定了新的有轨电车发展规划，1972年该规划得到议会最终批准。同时，1971年由Dueweg制造的首批现代化、8轴铰接式有轨电车投入运营，这种车是为弗莱堡狭窄的街道特别设计的。1972年11月有轨电车引入步行街，同时禁止了汽车在老城区通行。此后继续加大有轨电车的投资和建设。

1980年之后，弗莱堡有轨电车网络的扩张被视为德国“有轨电车复兴”的经典案例。从1980年起，所有新的有轨电车延伸线普遍采用了“草坪轨道”。从1990年开始，开始运行低地板车辆，第一代低地板只有7%的低地板；1994年的第二代达到48%低地板，4个门中有3个门可以无障碍通行；从1999年起，普遍采用了低地板车。

目前弗莱堡有轨电车网络中共有5条线路（图1-26）。在2017年初，可供常规使用的有轨电车有72辆，其中5辆为高地板车辆，37辆为部分低地板车辆，30辆为100%低地板车辆。

1.7.2 中国北京

1924年，北京前门至西直门的第一条有轨电车线路正式投入运营，配车10辆。至中华人民共和国成立之初，全市共有有轨电车线路7条，配车103辆，至1956年达到240辆。因为老式有轨电车存在噪声大、轨道老化、速度慢等缺点，且大部分线路行驶在城区繁华街道上，影响对旧城区的改造，因此，在1966年被彻底淘汰停运。

2011年初，北京启动现代有轨电车西郊线的建设，于2017年12月30日开通试运营。线路总长8.8km，共设6座地面站，设车辆段1座，整条线路共有4段下穿线路、1段高架线路，两端车站宽10m，均设有站前广场。采用100%地低地板列车，由5个模块铰接组成，车长32.35m，车辆定员300人，车辆内共设置座椅58个。车门位于车辆两侧，每侧设置2个单扇门和4个双扇门。全线采用槽型轨，最大限度地实现了绿化和铺面面积，取得良好景观效果。西郊线小半径曲线较多，在小半径曲线地段，槽型轨还能起到护轨的作用，可防止车辆独立轮脱轨。线路由北京公交集团运营，特许经营期10年。

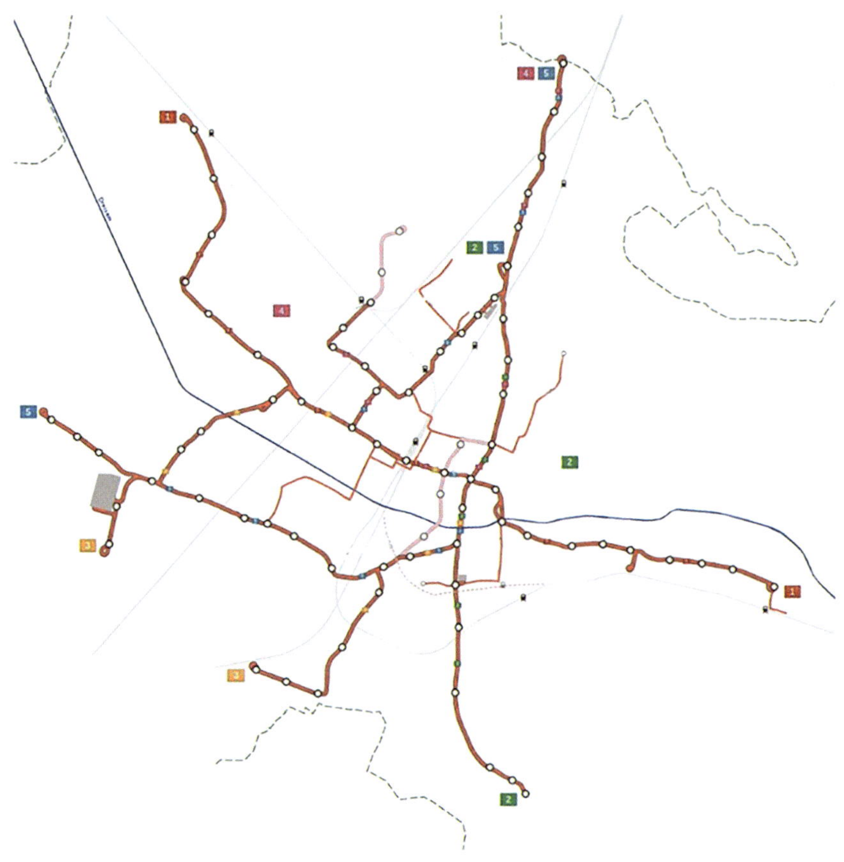

图 1-26　德国弗莱堡有轨电车网络

在半个多世纪后，有轨电车以全新的姿态重新出现在北京公共交通系统中（图1-27）。其兼具通勤和旅游双重功能定位，一方面，它与地铁10号线相接驳，融入北京的城市轨道交通网中，服务于通勤客流；另一方面，线路覆盖北京“三山五园”风景区，服务于旅游观光客流。在旅游旺季，尤其是香山“红叶节”和植物园“桃花节”等特殊旅游时节，观光客流激增，甚至需要重联运行以满足客流需求。

图 1-27　北京现代有轨电车西郊线

第2章　运营筹备规划

2.1　理念

有轨电车作为城市大型基础设施，兼具市场化产品与公益化产品的特性，其建设和运营应遵循“建轨道就是建城市”的发展理念，切实践行“规划建设为运营，运营服务为乘客”的原则。因此，其运营筹备工作应贯穿于工程设计、建设等全部环节，要始终秉持“小业主、大社会”的基本原则，在项目设计、建设阶段就应担当服务社会、服务民众的责任，坚持社会效益最大化理念、全寿命周期成本理念、项目全过程管控理念、城市交通整体规划理念。

1）社会效益最大化理念

有轨电车建设和运营的主要资金大多来源于政府，其运营筹备作为连接设计建设与运营的纽带，应充分服从政府部门的领导、监督、管理、协调，合理规避影响工程目标的各项不利因素，制定与项目相匹配的运作模式、票务政策、服务标准等。以政府的决策为依据，将社会效益放在主导地位，必要时，牺牲部分经济利益，保障利民惠民的社会效益。通过运营筹备组织的合理调剂，真正做到以惠及民生为主要目标，切实做到社会效益最大化。

2）全寿命周期成本理念

全寿命周期成本控制的主体是建设、运营管理部门的决策层，在全面准确理解政府在工程项目具体事务中的地位和作用的前提下，将社会效益放在主导位置，在此基础上最大限度地实现建设、运营管理的经济效益。为了实现这一目标，需要在建设、运营期进行合理规划，并持续进行合理的成本控制管理，力求以最低的成本实现有轨电车公益设施的社会效益和经济效益。

在运营筹备管理工作中，应充分发挥设计、建设与运营的协调联动机制，搭建集设计、建设、运营于一体的资源管理平台和信息交流平台。运营管理人员宜提早介入项目的设计、建设，对施工过程中出现影响后续运营的问题及时提出可行性意见和建议，优化工程设计和施工工艺，减少后续工程整改，避免因压缩建设投资或工期，导致设备系统功能或质量等级下降，避免因盲目追求先进技术，导致运营维护成本增大等不利情况的出现。通过对项目全过程各环节相互渗透和资源整合，实现项目各阶段无缝衔接和人、财、物、技术、信息资源的共享，实现全寿命周期成本的综合管理。

3）项目全过程管控理念

有轨电车在工程规划、设计、建设、运营各环节均具有不可逆的特性。在实施过程中，受开通时间、开通标准等硬性条件约束，受社会、经济、政策等外部因素影响，因此，在有轨电车工程项目建设全过程中必须制定科学、合理的计划，才能保证项目工作安全、高效开展。

在运营筹备过程中，根据不同阶段的工作需求，合理构建运营筹备组织规模，选调合资格的运营筹备人员，制定切实可行的运营筹备计划和工作方案。按照运营工作程序和内部管理结构将线路开通的总目标分解为人、财、物、技术、文本、综合联调、试运行、综合演练、运营接管等多个子目标，以各个子目标为单元，细化任务和人力资源调配、后勤保障、物资配置等，逐级落实管理责任，做到分工明确、组织有序。最终按照PDCA（计划、执行、检查、处理）动态管理法对运营筹备总体计划和目标任务进行全方位、全过程的实时监控，以提高运营筹备工作的运作效率。

4）城市交通网络整体规划理念

交通是城市赖以生存和发展的命脉，是对国民经济和社会发展全局性、先导性具有重要影响的基础设施，尤其是城市轨道交通的发展，对周边经济发展起引领作用。有轨电车有别于地铁等专有路权的城市轨道交通，多为地面线路，占用部分道路资源，在平交路口与社会交通、行人共享道路资源。因此，有轨电车的规划和发展不仅以城市道路交通的规划为重要依托，更要兼具与既有和规划建设地铁、轻轨等城市轨道交通的有效衔接，从整体线网运营角度对人、财、物、技术等资源进行全面、综合、科学地筹备规划。

在有轨电车运营筹备阶段，应统筹考虑区域内有轨电车线路与既有和规划建设的城市道路交通、轨道交通的衔接和资源共享，力争形成立体化交通体系。运营单位从人、财、物等方面研究运营管理模式、组织架构和岗位设置，从调度指挥、行车与线路匹配、系统功能要求、行车组织及维修施工组织等方面研究，力求满足乘客出行需求和经营效率最优。

2.2　目标

运营筹备的核心目标是实现项目高标准、高质量，安全、平稳地开通初期运营，最终实现社会效益及企业效益的双赢。运营筹备建设期的具体目标主要如下：

（1）搭建高素质的运营筹备队伍。

运营筹备单位应立足当前，着眼未来，通过科学谋划、合理布局，搭建一支人才结构合理、年龄结构均衡、经验丰富的优质运营队伍。

（2）构建科学合理的组织架构。

以运营单位的发展战略为指导，采用项目管理模式，设计符合运营单位自身特点的组织架构，促进筹备工作流程、规范业务接口优化，保障工作高效。

（3）打造严谨高效的运营管理体系。

充分发挥运营筹备单位的务实创新精神，根据运营开通目标和工期计划，全面、系统地策划、研究、建立适合的运营管理体系。建立完善的管理及技术类规章，明确各部门协调联动机制，确定各岗位职责及作业标准，确保设备接管顺畅、各专项筹备方案能如期运作。

2.3 原则

（1）目的性原则。运营筹备目的性非常明确，指向性强，要求在计划时间内完成既定的工作任务，涉及工程介入、资金使用、人员管理、营销宣传等多方面内容。因此，运营筹备的程序必须科学合理，在统筹规划、整体布局的前提下，最大限度地把握运营筹备的主要方向和重点任务。

（2）市场化原则。运营筹备是运营工作的基石，必须以满足乘客需求为核心价值理念，以客户需求为导向，全方位服务于客流、市场，不断提升运营质量和水平，树立良好的品牌形象。

（3）动态调整原则。运营筹备方案与实际情况总会存在一定的差异和不足，执行过程中总会产生一系列原来想不到的问题需要协调解决，因此，筹备全程都需要根据实际情况对方案进行动态调整，确保筹备工作顺利开展。

2.4 任务

根据有轨电车运营管理的特点，为确保按既定目标投入初期运营，运营筹备单位应统一思想、团结协作，筹备工作应从细节入手，以点带面，全系统、全流程、全过程进行专业化、标准化地分项筹备，原则上必须完成两个基本任务：一是组建一支资源齐备的运营筹备团队。在充分参考传统城市轨道交通运营组织架构的基础上，尝试引进项目管理模式，设计符合企业自身特点的组织架构，建立匹配运营单位发展的人力资源规划、绩效考核规划、培训体系和薪酬体系，确保人、财、物、技术等核心资源的调配，为顺利开通和持续安全、优质运营提供资源和技术保障。二是确保有轨电车设备设施设计合理、施工完善、性能良好。基于新线建设须满足运营服务需求的前提，从运营安全、运营服务及设备设施的可用性、可靠性、可维护性等方面出发，将运营筹备保障工作前移，提前介入项目工程建设环节。按计划有目的、有组织、有步骤，以不同形式直接或间接地参与工程设计、设计审查、用户需求书编制、设备监造、工程验收标准审查以及施工过程的跟踪、验收工作，为运营管理奠定坚实的基础。

2.5　策略

运营筹备策略是确立运营筹备方向、目标、原则、计划、方法等的纲领，是指导和约束运营筹备活动的宏观规划，是保障有轨电车运营筹备目标的关键因素。运营筹备工作围绕人员、技术、体系三大模块开展，结合项目运营管理模式和地域特性突出自身特点，细化分解总目标，分析潜在风险，制定应对措施。各业务部门根据执行策略制定相应的子计划，对所辖业务模块的运作思路和方法进行策划和定位，如人、财、物和技术筹备方案等。

1）建设、运营一体化的运营筹备策略

在建设、运营一体化模式下，线路的规划、设计、建设到运营的全过程均以政府的决策为指导，应充分考虑社会效益、社会影响，通过运营与设计、建设协调合作，最大限度地实现经济效益。在此模式下，规划、设计、建设和运营各方组成共同体，而运营单位作为共同体一部分，负责有轨电车线路的运营筹备管理工作，完成共同体下达的各项指标，配合其他部门开展规划、投资和建设管理工作，完成运营筹备的综合目标。运营筹备策划的重点工作是在充分理解政府意图的情况下，做好政府及社会公众的沟通协调工作。

在建设、运营一体化模式下，通过科学分析内外部环境的影响因素，充分优化投资、建设、运营资源，在政府指导下，明确开通时间、服务标准、票价政策、运营补贴方式等具体事宜。充分利用管理优势，优化运营筹备中人、财、物等资源筹备和设备系统、综合联调、综合演练、运营接管等方面的工作。通过明确各部门职责与工作接口，理顺投资、建设、运营之间的工作关系和接口管理。

通过在内部设立“建设协调会”“设计联络会”“运营协调会”等会议制度，加强运营与设计、建设等部门的相互交流，力求运营筹备活动中的人、财、物、技术规章等筹备资源延伸到工程建设阶段的各项可行性研究、设计审查、设备采购、安装调试、系统联调等工作中。保障运营单位的合理诉求反馈至工程项目设

计、建设阶段，以防范因设计、建设缺陷而导致相应风险转移至运营。运营单位应更好地掌握工程概况，工程进度及设备设施状况，有计划地做好人、财、物、技术的统筹策划和落实。

2）建设、运营分立的运营筹备策略

建设、运营分立模式，是将有轨电车线路的规划、设计、建设、运营管理等拆分成若干个独立体，通过政府委托或者公开招标的方式，以合同契约形式授权专业公司进行管理，各个独立个体可以自行成立法人单位，也可以资金为纽带建立"联合体"。在此模式下，政府通过运营单位的经济效益来实现社会效益，在契约合同及市场经济的约束下，运营筹备的总目标为最大限度地实现运营单位的经济效益和政府部门的社会效益。

在建设、运营分立模式下，根据建设、运营单位职责划分、权限的不同，运营筹备工作涉及运营所需人、财、物、技术、文本规章的准备及工程验收、运营接管工作。协调与政府部门及投资、建设等单位的利益、接口合作关系，适当了解工程可行性研究、规划设计、招/投标、工程建设、设备监造、出厂验收以及安装调试等工作。为保证该模式下，整个运营筹备的运作有相对稳定、高效的外部工作环境，运营筹备单位在遵守与政府部门或相关单位契约合同的基础上，充分研究有轨电车投融资、设计、建设、运营管理等单位的职责、权限设定，明确各单位之间的工作接口、任务分工、指令流程，建立统筹协调机制。

通过政府的组织协调，可成立由发改、建设部门监管，由交通、规划、投融资、建设、运营、资源开发等单位联合组成的"新线建设指挥部"，并出台相关配套政策，如运营单位参与制定工程建设管理制度、新线工程验收交接办法、新线联调组织管理办法等，在此基础上针对具体事务拟定详细实施细则，同时建立联席会议制度，及时协调处理工作接口问题。在运营单位内部，根据工程建设节点和不同时期的工作任务目标，着手研究和规划运营筹备的组织机构、运作流程、管理制度和技术措施等工作，适时开展运营管理专题调研和人力资源规划等，全力以赴做好运营单位内部事务的管理，为将来正式运营奠定坚实的基础。通过统筹安排内部资源，合理营造外部环境，做好运营筹备策划工作。

2.6　总体规划

基于有轨电车运营管理特点和开通初期运营需求，运营单位须提前开展运营筹备工作，按照目标规划、计划制定和过程管理进行全程管控。运营筹备单位执行政府指令的前提下，结合运营组织需要，设定运营筹备组织及三定方案，以建设项目工期和开通初期运营为目标，从人、财、物、技术、体系、运作、安全等方面开展筹备工作，保障新建线路顺利开通初期运营。

2.7　筹备组织

运营筹备组织工作是连接建设和运营的桥梁，通过统筹协调竣工验收、综合联调、试运行、综合演练、初期运营前安全评估、运营接管等工作，保障有轨电车线路顺利实现开通初期运营。运营筹备工作的特点是政策性强、对外协调能力要求高，从资源节约、机构精简、一专多能的角度出发，组建独立的运营筹备项目组是最佳选择。运营筹备工作时间紧、任务重、业务繁杂、涉及面广，宜早组建队伍，明确工作接口及岗位职责，通过岗位和资源的科学调配，做到各司其职又不失灵活机动，实现内部信息共享、资源共用，保障运营筹备工作平稳有序开展。

2.7.1　组织架构筹备

筹备组织架构是各项运营筹备工作的前提和基础。考虑到运营筹备任务的阶段性特点，在组织架构上力求精简高效、一专多能，保障实现基本功能，降低管理幅度，突出工作融合特性，减少工作接口，在短时间内快速形成战斗力。因此，在制定组织架构时须有的放矢、因事设岗、以责定权。

运营筹备组织架构可根据相关业务范围进行划分，各业务工作组具有明确的工作任务、目标和工作量，能清晰地将各项任务分配到各业务组。各业务组自上

而下实行垂直领导，只接受一个上级的指挥，各级管理人员对所属单位的一切目标、任务和问题负责，充分保障各业务组能有效发挥特长和作用。工作中对于相关接口问题的协调，由各业务组整合意见后提交至负责综合事务的管理组进行统筹协调。通过精简内部层次设置，保证各类信息快速传递和高效落实，减少各专业横向联系带来不利影响，有力保障筹备工作的平稳高效。

2.7.2　人员筹备

在项目建设阶段，通过社会招聘或内部选聘等方式，选拔运营筹备组负责人及核心业务骨干、技术骨干等，按照运营筹备目标，配置相关岗位人员。主要负责运营筹备阶段新线规划、设计审查、工程跟进、设备采购、安装调试、客流预测、票价政策、体系建设、运营接管及参与政策法规制定等工作，完善组织内各项任务的接口设计，开展人员招聘、培训等工作。

2.7.3　运营组织团队筹备

做好运营阶段的团队筹建工作，应坚持与企业发展战略相符的原则，根据战略目标变化进行及时调整；坚持精简高效、权责对等，在设置岗位、人员等方面坚持一专多能，避免分工过细，造成岗位臃肿。各级管理者拥有的权利和责任相对应，在实际运作中，各级管理者应适当授权于下级员工，提高员工自主工作意识，有利于工作效率提升；坚持统筹兼顾原则，随着运营组织团队日益扩大，组织层级和管理幅度加大，运营组织管理者须纵览全局、统筹兼顾，通过科学筹划协调各项工作任务。同时建立适度的竞争考核机制，有效激发团队工作动力，调动工作积极性提高工作效率。

第3章　运营筹备实施

3.1　运营筹备组织机构及人员

首次建设现代有轨电车的城市，宜在开通初期运营前两年（筹备时间可根据自身实际情况适当提前）成立运营筹备组，设置合理有效的组织结构、制定科学规范的管理模式，明确运营筹备工作任务、岗位职责及与外单位的工作接口。

3.1.1　组织机构设置

组织机构的设置通常按运营专业进行划分，采用扁平化管理模式，下辖各专业小组独立运作，由项目组负责人全权负责。各专业组与筹备管理组间不再设置职能结构，其中，综合组主要负责综合职能、办公、后勤保障等工作；安全组负责安全管理、安全体系建设、应急预案、安全培训等工作；技术组主要负责土建工程跟进、设备选型、设备招标、合同谈判、设计联络等工作；设备组主要参与设备系统的设计联络、安装调试及编制技术管理规章制度、操作规范、技术指导书等工作；客运组负责行车、客运、票务体系建设及编制行车、客运、票务技术管理制度、规程等工作。组织机构设置可参考图3-1。

3.1.2　人员组织

随着运营筹备工作的持续推进，对各阶段主要工作的侧重点、人员配置及专业技能与素质的要求都会随之变化。建设期运营筹备单位可通过内部选调和外部招聘等方式，确定项目负责人及各专业小组成员。各阶段按其主要任务、工作重点可划分为运营筹备初期、前期、中期及后期4个阶段。其中，系统设备功能设计与招投标阶段为运营筹备初期，设备监造安装与调试阶段为运营筹备前期，组织试运行则标志着筹备工作已进入运营中期阶段，一旦进行运营接管，筹备工作也就进入收尾阶段，视为运营筹备后期。

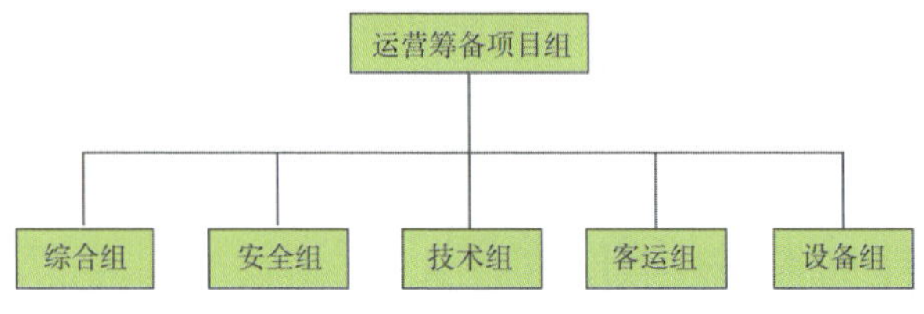

图3-1　运营筹备组织架构图

（1）运营筹备初期。运营筹备初期应以满足运营筹备核心工作需求、节约运营成本为目标，对筹备工作进行统筹规划，设计科学合理的运营管理体系和运作模式，按组织架构细化各部门职责、各专业岗位设置，并根据项目规模与经营策略，编制人员招聘和培养计划等工作。需配备熟悉城市轨道交通运营筹备的核心岗位人员，熟悉城市轨道交通的核心专业技术人员，如车辆、供电和信号、轨道等系统设备的专业人员，行车、调度专业人员等。

（2）运营筹备前期。运营筹备前期应以有力推动筹备工作快速开展为目标，确定核心岗位人员。高层管理人员对运营筹备工作负有决策责任，必须有丰富的运营管理经验、项目开通经验，一般需具备高级职称，熟练掌握有轨电车运营相关岗位的关键技术和核心业务。同时招聘核心业务的骨干技术人员和管理人员，熟悉相关专业系统设备的特点和功能，参与车辆及相关重要系统设备的监造、调试。编写各专业的规章制度、技术规程和培训教材，按需配备车辆、信号、轨道、供电、机电、通信等专业小组的主要技术人员。

（3）运营筹备中期。运营筹备中期应以快速拓展运营各板块，扎实推进各项筹备工作为目标，确定中层管理人员和技术骨干，选调符合条件的员工作为各专业组成员。主要负责运营筹备各板块的业务管理、技术攻关、专题研究、培训取证，参与工程建设、设备安装，从运营角度提出合理化建议，掌握系统设备主要功能、特点、生产和安装进度，并尽快安排符合条件人员进岗。

（4）运营筹备后期。运营筹备后期则应以按期投入初期运营为目标，全程参与工程验收、系统设备调试，确保各系统设备实现设计功能。快速引进非重点岗位人员，强化业务技能培训和应急演练等，确保各岗位人员掌握本岗位业务技能，取得各类岗位资格证、上岗证，并达到独立上岗要求。

3.2　工作方案与计划

3.2.1　工作方案

现代有轨电车建设期的运营筹备工作主要包括运营筹备期资金计划、与建设单位建立有效的沟通机制、完成组织架构和人员定编、运营筹备关键岗位人员就位、人员招聘及培训、编制运营文本、客流预测、票价听证、后勤保障、维修模式与委外维保项目方案等。其以线路如期投入初期运营为最终目标，主要围绕工程跟进与运营筹备同步实施开展工作，为此，运营筹备的工作方案应包括确定工作目标、组织机构、工作职责、工作任务、时间安排、问题解决措施、工作纪律、后勤保障等内容，应明确各相关负责人的有效工作范围和权、责、利，便于落实各项工作，提高工作的效率，有效推进筹备工作的整体开展。同时，工作方案还需要详细规划筹备工作的启动时机与完成时间，对现代有轨电车工程建设的重大工程节点进行分批管理。

3.2.2　工作计划

1）组织架构和人员

按照运营筹备规划方案，根据实际情况成立运营筹备组，设置规模精简易于管理的组织架构。人员配置重点在管理骨干和专业技术骨干，按相关专业需求进行人员划分，采用独立的专业小组运作模式，使各专业小组能有效发挥自身专业技能，减少多层级、跨层级间的无用联系，使信息传递更加快速，利于前期工作开展。

2）招聘及培训

可采用社会招聘和校园招聘同步开展方式，社会招聘人员具有一定专业技能和素养，可较快进入工作状态，并发挥专业知识和经验的作用，能迅速达到预期工作目标，对运营筹备工作极其重要，但其入职待遇较高，对人力成本存在一定压力，因此，进行社会招聘时，运营筹备单位须提前规划，做好人员定级、薪酬定位、保障机制，制定科学规范的人才引进计划，尽可能在满足人员需求的同时合理控制人力成本。校园招聘主要面向专业对口的大学院校进行人员选拔，批量大、成本低、易于安置、便于管理是其主要优点，但经验欠缺，上岗前需进行大量培训，需要投入较多的培训资源。因此，结合筹备期间不急于使用的岗位和人员需求现状，可提前进行校园招聘，便于开展培训工作。

3）资金、物资与后勤保障管理

资金筹备计划主要是对筹备工作涉及的人力成本、办公后勤、培训取证、备品备件、工（器）具、耗材和客服设施及营销推广等资金需求进行整体规划与合理安排。运营单位应在开通初期运营前一年完成资金筹备计划编制，便于后期为物资采购等工作提供有力支持。

物资筹备计划应结合各专业的物资使用需求，对设备承包商在合同规定范围的备品备件进行梳理，以免造成重复性采购。同时在开通初期运营前三个月，所需物资须全部到位，对于运营接管需立即投入使用的物资，必须在运营接管前到位。

后勤保障筹备计划上至筹备单位对外宣传和营销推广的实施与策略，下至临时办公场所，办公家（器）具、耗材、食宿等安排。其特点是涉及范围广，组织工作繁杂、琐碎，时间跨度长。后勤保障制度应结合运营筹备阶段的特点建立完善，尤其是运营接管阶段，筹备人员基本到岗，须最大限度满足运营筹备工作对于后勤保障的需求，避免因后勤保障不力对运营筹备工作造成不良影响。

4）技术管理

运营筹备单位须建立科学规范的技术管理体系，作为开展新线筹备工作的基础。在整个运营筹备工作中，建立一套适用、实用且具有指导意义的规章体系，主要应包含规章制度的制定、技术类文本的编制和专题研究等工作。规章制度的制定和技术类文本的编制首先要遵从国家和地方的相关法规，且符合行业规范和标准，同时依托于运营筹备单位自身设定的组织架构、岗位设置和设备技术特点、运营服务标准而编制。技术类文本的编制则应提前进行充分的理论论证，了解并掌握运营生产涉及各系统设备的技术标准、功能状态和使用原理、结构与特性等资料，使技术类文本的编制更符合运营生产和管理的实际需要，避免出现错误与遗漏。在规章制度的实际运用中做好培训与反馈，及时修改更正内容，确保文本内容的适用性。

5）验收筹备

设施设备验收阶段，主要依据国家法规、行业规范、技术标准、设计图纸、合同约定，结合运营单位的需求开展验收工作。验收筹备计划首先应明确运营单位对验收组织的确立，通过与建设方协调，组成各专业和业务口的验收单元，对相关人员的职责进行明确，完善验收标准和要求。运营筹备单位根据工期计划，编制发布《验收管理规定》，根据设计标准、性能和使用需求，统一明确运营涉及的各系统设备验收前置条件，同时针对验收中出现的问题，制定整改和复验流程。

6）综合联调与演练

综合联调是保障顺利实现开通初期运营的重要工作，主要检验单系统设计功能，并实现系统之间的设计联动功能。一般由建设单位牵头组织，并明确其组织结构、关键岗位人员和权责关系。

综合演练是检验运营管理体系、人员综合素质、应急救援装备应用能力的重要手段，同时也是与外单位建立协调联动机制的良好契机，是开通初期运营前的重要工作。综合演练工作由运营单位牵头组织，并应明确其组织结构、关键岗位人员和权责关系。

综合联调与演练计划应明确开展时机，根据系统设备设施现状、人员进驻情况等进行相应调整。运营筹备单位还应针对系统调试与演练情况进行跟踪记录。对于发现的问题和不足，及时制定整改方案，做好记录汇总，并在评估和总结中

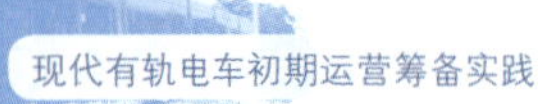

具体体现。

7）运营接管

运营接管是指运营单位对新建线路行车调度指挥权、系统设备设施使用权和属地管理权的接管，标志着工程项目正式由建设期运营筹备转为运营期。运营接管工作涉及建设和运营等诸多单位和专业，对参与人员在接管工作中的组织管理，对接管工作的程序和执行都有着较高要求。

编制接管工作方案和计划时，首先要明确运营接管工作依据，制定符合运营筹备单位实际情况的工作计划，内容需明确运营接管范围，合理规划组织机构和人员安排，梳理所接管各工程设施、各系统设备的前置条件，掌握所接管设备设施的数量、位置、现状及备品备件情况。

3.3　人力资源

优秀的运营筹备团队和扎实的人才储备是维护线路开通的根本，对运营生产具有深远影响，在运营筹备实施与管控的整体工作中占据重要地位。人力资源筹备应紧密围绕企业核心发展战略开展，建立指导员工行为、态度及绩效的岗位、薪酬、培训管理等制度体系。针对工作需要对各岗位实行规划、培训、调配、晋升等措施，激发调动员工积极性、创造性，实现企业价值。

现代有轨电车作为快速成长的新兴行业，因涉及车辆、信号、通信、供电等众多专业系统及其联动，为了稳固系统设备的持续性、稳定性，人力资源筹备既要考虑成熟市场化条件下人力资源筹备的特点，还要综合考虑新兴行业人力资源筹备的特点，才能实现现代有轨电车的安全、经济、持续、高效运营。

3.3.1　需求预测

人力资源需求是通过企业人力资源战略对人才需求与供给、培养和选拔进行科学、全面的预测和规划。应具备一定前瞻性，并以科学的理论、客观的实践和翔实的数据，做出宏观把控。需要深入运营筹备工作的每个环节，通过与业务管理人员探讨研究、分析每个业务岗位设置的需求，开展岗位工作分析，建立岗位管理体系和任职资格管理体系，在此基础上建立与运营开通相匹配的人力资源规划体系、培训体系、绩效管理体系、薪酬体系，将企业肩负的使命、文化与招聘、评审、聘任、培训、晋升等紧密结合起来，做到统筹一致、人尽其才、事尽其功，有效发挥团队力量，以满足企业经营发展对人力资源的需求，从而推进企业高质量可持续健康发展。

1）原则

运营单位应以精简、高效作为人力资源需求规划的基本原则，重点参照行业人力资源标准拟定人力资源配置。城市轨道交通行业人力资源需求的趋势是随着运营单位管理能力和经验的提升，其配员逐步呈下降趋势。结合当前市场竞争态势，总运营人力资源建议按照20~23人/km的标准进行人力资源配置（如三年内有新线开通运营计划，则建议在初始标准上浮30%进行人员储备）。此外，还需合理掌握运营各专业（工种）间，生产（服务）与技术、行政、职能和管理人员间的定员比例关系。

2）方法

在进行人力资源需求分析时，可根据不同岗位的特点综合采用以下4种方法进行预测。

对轨道、车辆、通信、信号、供电等检修和综合维修工种采用效率和设备定员的方法进行预测。具体可参考以下公式：

$$\text{配置标准1} = \frac{365 \times \text{日检时间}}{\text{制度工作时间} \times \text{人均有效工时率} \times \text{出勤率}} \tag{3-1}$$

$$\text{配置标准2} = \frac{365 \times \text{故障率} \times \text{单位故障处理时间}}{\text{制度工作时间} \times \text{人均有效工时率} \times \text{出勤率}} \tag{3-2}$$

$$\text{一线作业定员} = \text{设备总数量} \times \text{配置标准} \times \text{调整系数} \tag{3-3}$$

其中，制度工作时间以年度为计算单位，按照365天扣除104个周六日及11个法定节假日后乘以8h计算，即（365−104−11）× 8 = 2000（h）；人均有效工时率=（8−员工正常休息时间）/8。

对乘务和客运员等岗位按照运营时间和班次采用岗位定员的方法进行预测。具体可参考以下公式：

$$配置标准3=\frac{365\times 日运营总时间}{制度工作时间\times 人均有效工时率\times 出勤率} \tag{3-4}$$

$$配置标准4=\frac{365\times 岗位数\times 岗位日工作时间}{制度工作时间\times 人均有效工时率\times 出勤率} \tag{3-5}$$

一线作业定员=设备设施总数量×配置标准×调整系数　　(3-6)

在采用效率、设备和岗位定员预测一线生产（服务）人员的基础上，按照一定比例对技术、行政等岗位人员进行预测。具体可参考以下公式：

各类支持人员定员 = 一线作业总定员×比例系数　　(3-7)

根据拟定的组织架构对职能和管理（督导）人员进行预测。具体可参考以下公式：

定员=（作业定员×支持人员定员）× 比例系数　　(3-8)

3）主要参数

运营服务时间、车辆数量、线路里程、车站数量、设备设施类别及数量等是决定人员配置的关键因素，这些参数是生产服务、作业人员配置数量的基础，以其为基础，结合运营单位实际情况，按比例配置技术人员和行政支持人员；职能管理人员可根据拟订的组织架构进行配置。与工程相关的参数类型见表3-1。

与定员预测相关的主要工程参数表　　表3-1

序号	类　别	名　称	单　位	数　量		
				线路1	线路2	合计
1	车站	站台	座			
2	轨道	轨道	km			
		道岔	副			
3	房屋	车辆场	m^2			
4	变电所	变电所	座			

续上表

序号	类　别	名　称	单　位	数　量		
				线路1	线路2	合计
5	接触网（第三轨、充电线）	正线	条、m			
		车辆场	条、m			
6	通信	通信系统	套			
7	信号	正线信号	套			
		联锁装置	套			
		道岔	副			
8	电梯	自动扶梯	部			
		垂直电梯	部			
9	电车车辆		列			

4）主要岗位配员参考标准

（1）乘务配员。

如每列车运营时间为17h/d，参考国家规定的法定工作时间和假期、基本出勤率和每名司机驾驶车辆的实际时间，乘务配员计算如下：

$$乘务配置标准=\frac{365\times17}{250\times8\times0.98\times0.65}=4.9$$

以该综合测定的电车司机配置参考标准（5人/列），再考虑请休假情况，通过调整系数进行修正。

（2）客运配员。

可参照乘务配员，1名电车司机配备1名客运员进行配置。

（3）调度配员。

运营筹备前期可按照每天1名行车调度员、1名设备调度员、1名客服调度员配置，可按四班两运转，考虑请休假等情况做相应调整。

（4）车辆维修配员。

按照日检0.5h/辆和1名车辆检修工的全年有效劳动时间测定车辆日检的配员参考标准为0.13人/辆，综合考虑车辆检修规程的要求，建议以10的调整系数进行修正。

（5）技术人员配员。

按一线人员的20%配置，后勤及职能按一线和技术人员之和的10%配置，管理人员按前三项人员之和的5%配置。

（6）人员储备。

综合分析配员标准及实施中不可预见因素与未来发展需要，建议按配员总量的20%进行人员储备。但考虑到人员筹备“一岗多能、精简高效”的原则，可结合运营单位的实际情况进行适当调整。

3.3.2 人员组织和招聘

1）思路

随着城市轨道交通的快速发展，技术和设备更新也愈加快速，城市轨道交通人力资源日趋紧张，运营单位应适时加强人力资源管理开发力度，深入研究人力资源管理创新，对未来人才供给趋势、市场竞争态势、人才培养周期等因素进行综合分析，以城市综合交通发展战略、现代有轨电车建设规划为指导，以政府对运营单位管理体制及工程筹划、可行性研究报告为依据，通过建立科学、合理的薪酬和绩效考核管理机制，打造以培养专业人才为指向的人力资源战略规划，在充分考虑现阶段发展需求的基础上，结合运营单位管理模式和组织架构，按线路与车站规模，综合采用行业对比、比例定员、设备定员、经验估算等方法，规划各类岗位设置及编制。人力资源筹划思路如图3-2所示。

2）人员组织

运营筹备工作的特点决定了筹备人员须在试运行前基本到位，以确保运营人员符合初期运营工作需求。因此，运营单位宜提前制定相应岗位招聘计划，明确落实各项筹备工作的人员组织和工作重点，对实现运营筹备最终目标具有重要意义。

运营筹备是一个持续的动态过程，各阶段主要任务、工作重点及人员配置数量和要求等都存在显著差异，大致可分为系统设备功能设计与招投标、设备监造安装与调试、试运行及运营接管四大阶段。

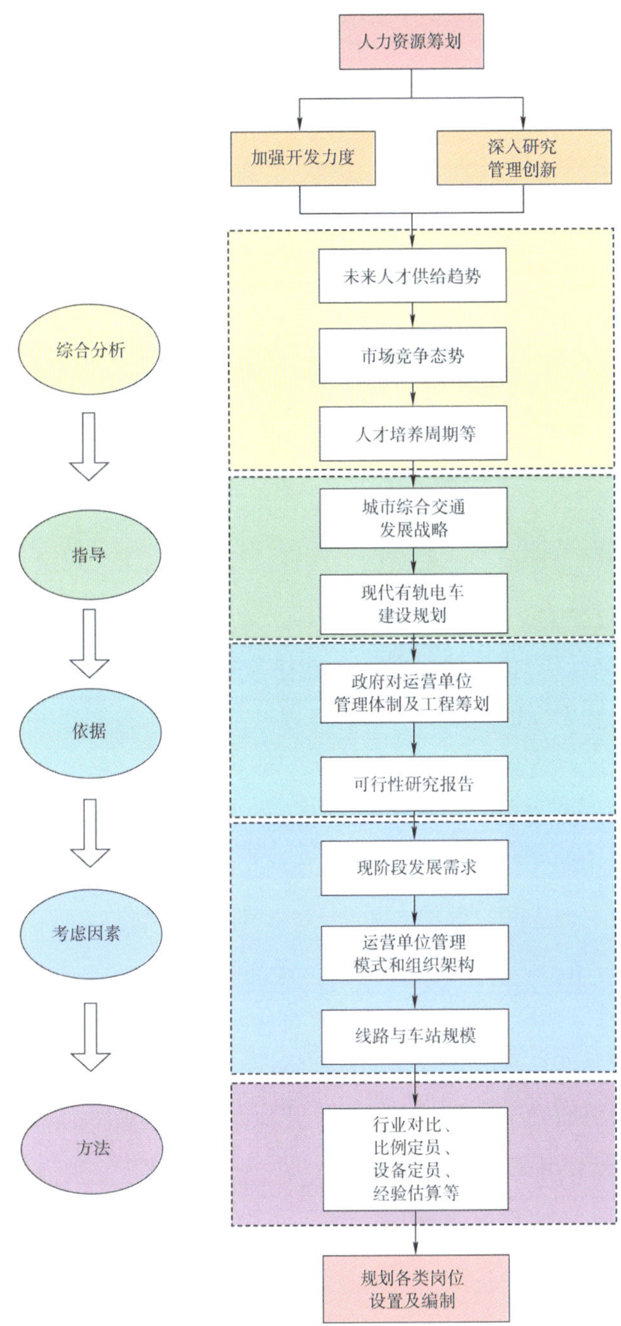

图 3-2　人力资源筹划思路

（1）系统设备功能设计与招投标阶段。该阶段运营筹备的主要任务是满足运营需求的同时尽可能节约运营成本，对系统设备的总体定位和功能进行审查，因此，需要熟悉城市轨道交通运营筹备和运营服务特点的管理人员、熟悉运输策划和组织的专业人员及熟悉车辆、通信、信号、供电等系统功能的技术人员各1~2名。

（2）设备监造安装与调试阶段。该阶段运营筹备的主要任务是熟悉、掌握各系统设备的功能与特点，编写各种技术维修规程和操作流程，策划组织运营期的人、财、物筹备，编写各工种、岗位和运营服务人员培训教材，筹备运营管理模式和组织架构，设计运营单位人力资源管理体系，并按组织架构细化各部门岗位设置，根据开通规模和相关原则、方法、策略编制各类人才招聘和培养计划等工作。因此，这个阶段需配备运输策划、人力资源、财务、物资采购、安全管理等职能专业人才各2~3名，具体编写各类人、财、物的筹备计划，设计与运营配套的各类综合职能管理体系；配备车辆、信号、通信、机电、轨道、供电等系统设备的技术人才各2~3名。

（3）试运行阶段。该阶段运营的主要任务是在确保系统正常稳定的情况下，结合试运行过程中发现的问题，完善各类规章制度和流程等管理和技术文件，并按照相关规章制度、流程和方案，组织员工开展试运行。确保员工能熟练掌握和维护各种车站、系统设备，并锻炼运营筹备人员应对各类突发事件的基本能力，为有轨电车开通初期运营打下坚实基础。因此，这一阶段的人员配置，应以运营单位设计好的组织架构和管理模式为核心，确保关键岗位人员配置到位，并已完成相关培训取证工作。

（4）运营接管阶段。该阶段运营的主要任务是检视运营单位各部门运作是否顺畅、规章制度是否具有优化空间、调度指挥系统是否运转正常。因此，这一阶段人员配置，除辅助岗位的部分人员外，其他人员应全部持证到岗，充分检验运营组织架构和管理模式的有效性。

3）人员招聘

（1）计划编制要点。

根据城市轨道交通运营筹备人才需求特点，结合运营单位发展战略、薪酬制度及运营筹备成本控制等因素，制定科学合理的人才引进计划，建立完善的试用期考核管理制度，是保障人才高效有序引进培养、有效优化人力资源配置以及运营筹备工作顺利开展的关键。制定招聘实施计划的工作要点如下：

运营管理和专业技术人才是运营筹备、培训和管理工作的骨干力量，应优先考虑此类人才的引进、培养。运营筹备单位人员招聘时间应以试运行时间作为依据，对运营筹备所需人才进行划分，提前1.5~2年引进运营单位所需的高层管理人才，中层管理人员和部分高级技术人员应提前1~1.5年到位，基层管理人员及初、中级技术人员应提前1年招聘到位，其他人员提前半年组织招聘到位。在制定和落实具体人员招聘计划时，宜在招聘时间和人员数量上根据轻重缓急适当进行调整。

针对专业性强、行业竞争激烈的一线生产岗位人员，运营单位需提前与相关专业院校开展委培培养，建立稳定的人才引进渠道，同时对于需求量大、实操性强、培养周期长的乘务和调度专业人员，招聘时还应考虑人员到岗后逐步分批外送进行专业培养的问题。

综合考虑各岗位人员在业内的供给趋势，对部分稀缺专业岗位人员予以职级和薪酬的适当优惠政策，以有效保障人才稳定性。对于流失率较高的专业技术人员，需要重点关注，适时考虑人才离职情况，做好补招计划。鉴于招聘预测具有较大不确定性，运营单位需坚持按照动态的原则评估整个人才需求预测和招聘实施计划的时效性和有效性，结合工程建设进度、设备设施数量等合理配置运营人员，以确保在综合联调之前运营筹备人员到岗就位。

为了能按计划时间完成最终筹备目标，运营单位需提前介入工程建设。参与系统设备的安装调试工作，有助于筹备人员准确掌握系统设备设施维护、检修及抢修等重点业务知识，实现筹备工作由工程建设到运营管理的平稳过渡。

（2）招聘策略。

运营单位应根据所需人才特点、培养规律和供给趋势，制定符合人力资源筹备工作的人才招聘策略。招聘策略应重点关注以下内容：

高学历、高级技术人才和基层以上管理人员是运营建设、筹备、培训和管理工作的骨干力量，建议人数比例占整个人才需求总量的20%，提前通过媒体、网络等渠道开展社会招聘，确保筹备骨干力量提前到岗，及时投入运营筹备。

中级技术人员是运营筹备工作的中坚力量，也是运营单位未来发展的中流砥柱，应占到整个人才需求总量的半数以上，可根据运营单位战略定位和人才培养规律，同步开展以社招为主、校招为辅的人才招聘方式，做好人才储备工作。

对于关键岗位，专业技术性强的工种，应在试运行前1年开启社会招聘，到岗后及时投入运营筹备及培训工作，边筹备边培养，尽快融入筹备工作。而部分专业性不强的工种，则应充分考虑运营成本，遵循精简高效原则，在试运行前1年与专业院校开展委培模式或校招应往届毕业生等方式进行。对于首次开通现代有轨电车的城市，可根据实际情况提前开展招聘。

（3）招聘方式。

社会招聘、专业院校订单班委培和应（往）届专业毕业生招聘3种方式是目前招聘计划的主要形式。

社会招聘，面向具有相关工作和管理经验的专业技术人员与管理人员，主要担任技术岗位及基层以上的管理职务。招聘部分具有相关工作经验人员，作为一线生产岗位的补充，招聘比例宜占总员工人数的20%，如工班长、调度、电车司机、各类高/中级检修工、客运员等生产岗位。

专业院校订单班委培，是目前城市轨道交通行业主流的人力资源培养模式，是将培养与招聘相结合的方法。运营单位根据各岗位（工种）的用人需求，与相关专业院校签订委培合同，提供招生条件，院校按运营单位要求进行教学和管理。委培学员基本在毕业前1年组班，由校方根据运营单位用工需求，制定具体培养方案，组织现场实习、培训和考核验收，招聘比例宜占总员工人数的60%。

应（往）届专业毕业生招聘，指运营单位到高等专业院校开展的校园招聘活动。运营单位按照提前制定的招录要求，选拔优秀应往届毕业生进入企业。校园招聘针对性强，具有成本可控、快捷高效等优点，近年来受到城市轨道交通运营企业青睐，可作为招聘后备人才的首选渠道。

3.3.3　薪酬体系设计

薪酬体系是企业发展的基础，帮助企业吸引人才、留住人才，保持旺盛的竞争力，是保障和提升员工工作热情最直接有效的激励措施。近年来，随着城市轨道交通行业的快速发展，业内专业技术人才缺口持续放大，运营单位应充分考虑当前人力资源现状，制定科学合理的薪酬体系。

1）设计原则

（1）合法性原则。薪酬体系在设计时需符合国家和地方相关劳动法律法规等有关规定，确保总体薪酬在政策允许范围内。

（2）竞争性原则。近年来城市轨道交通项目以合资、合作或建设-经营-转让（Build-Operate-Transfer, BOT）、政府和社会资本合作（Public-Private Partnership, PPP）形式组建运营单位呈高速发展态势，运营管理人才供不应求。薪酬体系设计，应优先考虑运营单位的发展战略和竞争策略，应考虑薪酬体系的行业竞争性。行业间的薪酬水平是影响企业制定薪酬体系的重要因素，如果企业薪酬水准低于行业标准，则缺乏竞争力，难以避免人才流失，直接或间接影响企业持续发展。针对关键人才，还应提供更具竞争力的薪酬水平，从而为公司在稳定人才、引进人才方面争取更大优势。

（3）公平性原则。公平原则是薪酬体系中最重要和最基本的原则。按员工承担责任的大小、技能力的高低、工作性质的差异，在薪资上合理体现各层级、各职级、各岗位间的薪酬差异，统筹协调，有序开展。企业应结合自身特点，建立员工认同的职位价值评价体系，利用科学规范的职务分析，建立完善各岗位、各层级、各职务类别间的相对价值体系。

（4）激励性原则。薪酬待遇对员工的激励性主要在于薪酬体系可直观体现和承认员工的岗位价值、个人业绩和企业贡献。应结合各岗位特点，设计科学、适用的员工绩效考评体系，与薪酬体系进行优化整合，发挥薪酬制度对优秀人才的

激励作用。

(5) 灵活性原则。薪酬体系应根据运营单位的企业性质和业务特点，充分满足运营单位不同发展阶段的灵活薪酬需求。

2) 设计模式

对于国有运营单位，薪酬体系设计应在国家相关政策允许范围内，向地方政府争取较为有利的薪酬方案。在运营筹备期间，可按照企业规模和城市轨道交通行业在岗职工平均薪酬，实行薪酬总额包干制度。现代有轨电车作为技术含量较高的新兴产业，其平均薪酬水平定位应在城市轨道交通行业平均薪酬水平基础上，上浮10%~15%，加强运营单位人才竞争力，吸引行业人才加入现代有轨电车行业。

对非国有企业的运营单位，其薪酬制度受到的约束和限制较少，经营管理层（董事会）须根据企业战略发展定位及自身特点，从经济效益角度出发，调研同类性质企业的薪酬水平，制定符合企业发展，满足企业经济效益的薪酬分配制度，着力挖掘薪酬体系的激励性和竞争力，如开展针对高级人才的职务津贴和一线生产员工的计件工资等形式，在总体薪酬可控的前提下，充分激发员工的工作热情和创造力，促进运营企业的持续稳定发展。

3) 设计程序

薪酬体系设计可按照以下程序进行：

(1) 对各岗位说明书进行分类和完善。

(2) 建立健全岗位价值评估模型。

(3) 建立岗位价值评估工作组。

(4) 开展同行业或企业同类岗位总体薪酬水平结构的调研工作。

(5) 工作组全面开展各岗位价值评估工作，根据评估结果对各岗位进行级别划分，实施岗位薪酬差别。

(6) 根据岗位具体情况进行总体薪酬测算及调整，确保运营单位总体薪酬费用符合政策允许范围。

（7）制定工资调整、晋级实施管理办法。

（8）相关管理办法和方案提交职代会/董事会审议。

3.3.4 培训管理体系

现代有轨电车作为科技含量较高的新兴产业，对于专业技术人才和管理人才有持续需求，此外，现代有轨电车工程建设周期短，涉及专业众多，相关专业人员能否高质量、高标准按时到岗，关乎后续运营筹备工作能否平稳有序开展。因此，除社会招聘引进具有工作经验的人才外，还应建立健全科学培训管理体系。培训管理体系的建立和健全可通过对培训三要素（讲师、学员、教材）的科学、系统优化管理，按照PDCA管理循环体系（图3-3）进行。

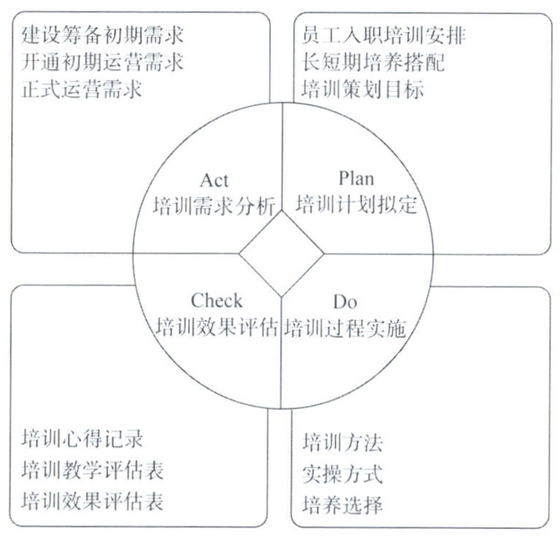

图3-3　PDCA管理循环体系

1）培训需求分析

运营筹备的不同阶段对于人才需求各有不同。随着社会招聘人员与应往届毕业生的大量到岗，如何快速使其熟悉岗位职责和工作，建立和强化公司企业文化及共同价值观将是培训管理的首要目标。培训管理制度为运营单位可持续发展提供力量源泉，保证运营单位在日益激烈的人才争夺中占有一席之地。

运营单位培训管理制度可参考表3-2建立。

培训管理制度一览表 表 3-2

制度内容/范围	设计/建立阶段		
	开通初期	开通初期运营至运营稳定期	线网运营时期
培训组织机构管理办法	○		
兼职培训员管理办法			○
内部培训师队伍培养方案		○	
内部课程开发管理及教材管理办法			○
在岗培训管理办法		○	
送外培训管理办法	○		
培训费用管理办法		○	
岗位资格管理及技能等级鉴定	○		
特种作业人员培训管理办法	○		
培训项目实施和管理控制		○	
培训设备设施管理办法		○	
培训资料管理办法		○	
培训需求管理办法	○		
培训计划管理办法	○		
培训效果评估管理办法		○	

2）培训计划制定

根据企业不同的战略目标、市场导向、支持程度，员工技能和综合素质的培训计划组织大致可分为观望型、摸索型、成熟型、标杆型4种类型。观望型、摸索型属于培训计划组织的初期阶段，需借鉴行业经验，储备专业人才，为后期开展科学规范的培训工作奠定基础。成熟型、标杆型是稳定、专业并已系统化的、结构完整的培训体系模型，其主要特点是资源丰富、培训形式多元、支持度高、认同度高、培训成效卓越，是行业标准和样板。针对各类培训体系，在发展过程中都应开展科学评判培训效果的活动，以确定培训工作的优化方向。

鉴于培训资源的制约性，运营单位应结合自身企业战略定位、业务需求、员工技能与综合素质等因素制定科学合理的培训计划，对培训资源进行系统规划和使用，评价培训策略、形式、内容、培训讲师等条件对培训效果所带来的影响，从而不断改善培训质量，促使培训效果最大化。考虑到运营业务的专业性和特殊性，运营单位应高度重视培训的集体成效，且在培训组织上赋予较高的决策权和控制权，建立自上而下的培训管理模式，打造良好的工作、培训氛围，促进人才培养的持续发展。

运营单位的培训模式是一个持续的动态过程，以稳定的长期培养为主，搭配具有弹性的短期易见成效的特定培训计划。一味进行长期培养，易忽略某些需要立刻改善的问题，易造成培训过度业务导向或技术导向，不利于运营单位的团队协作，不易形成良好的培训学习氛围。因此，适当配合短期易见成效的特定项目培训，如全员职业素养、企业文化、激励建设和情绪管理等就显得尤为重要。当然，运营单位如缺乏系统性、长远规划的长期培训，仅根据不同阶段的发展需要进行短期培养，虽然在课程组织与安排上较易掌控，但只能收获短期成效，难以长久，且若管理发生疏漏，则员工培训效果将急转直下，易对培训资源和人力成本造成压力。

无论运营单位处于何种发展阶段，必须制定一套能与员工职业规划结合，并针对特定人才进行长远培养的培育系统，应将员工的个人目标与企业发展紧密结合，为员工提供成长平台，以达到企业持续平稳发展的目的。

3）培训实施

培训实施是培训的组织机构、职责、方法、程序、过程和资源等诸多要素构成的有机整体。这些要素形成一套结构化的动态体系，能够在企业内部建立深层次的学习循环，不断提升员工和企业的学习力，进而不断提升企业的核心竞争力。

培训实施方法主要有讲授法、工作指导法或教练/实习法、案例研究法、工作轮换法等方法。

培训实施可以采取以下方式：

(1) 厂家配套培训。

开通运营之前，各设备厂家安装调试阶段安排的供应商培训效果明显，此时可将厂家配套培训作为重点工作。在设备安装调试阶段，保证所有管理人员、相关专业技术人员、班组长提前接受供货商组织的技术培训，并获得供应商相应的

岗位技能认证证书。

(2) 业内培训。

借助同行业优秀企业的技术优势、设备优势、培训力量和管理经验，是运营筹备人员快速掌握运营管理经验、具备岗位相关技能的捷径。尤其是专业技能人才的培养，可委托业内经验丰富且实力雄厚的现代有轨电车运营企业进行培训。

(3) 订单班培训。

订单班培训包括全订单培养和半订单培养两种模式。无论采用哪种模式，均需选择具有一定教学优势的院校和专业进行。提高新员工的综合素质及稳定性，是运营企业引进新员工的主要途径。

全订单培养（委培）是指企业制定招聘条件、专业等要求，委托校方招收高等专业院校毕业生，根据培养方案进行培养，最后由企业考核验收的全过程。半订单培养是指根据具体的岗位需求，按照企业对人员素质和知识技能的要求，提前在符合资格的院校招聘员工，然后学校组班并根据运营单位的用工需求，制定各专业培养方案，由校方实施培养，最后考核验收的全过程。采用订单班培养模式时，应以轨道交通类专业院校为主，其他院校为辅。

(4) 自主培训。

在厂家配套培训和业内同行培训期间，发掘并培养适合从事培训工作的人员，在技术骨干中评选出专（兼）职培训师，壮大企业培训师资力量和整体活力，满足企业日常培训需求。自主培训包含管理培训、班组长培训、一线岗位员工培训、新员工培训等。

①管理培训。

针对行政管理人员和技术管理人员实施培训，重点是组织其参加对应专业技术文件的汇编、设计联络和设备监造工作，接受厂家培训，在实践中积累经验，加深对系统设备的理解，还可适当组织对同行业优秀企业的参观、学习或短期专项培训。

培训目标：使管理、技术管理岗位人员全面了解掌握运营管理及专业技术，加深对运营生产的理解，打破专业局限，培养协作意识，同时为行车组织、设备维修维护等方案的编制工作奠定基础。管理、技术管理岗位人员通过参与系统设备安装、调试和验收工作，以研究系统设备原理、熟悉操作，为编写相关系统设备操作规程做好储备。

培训内容：运营管理、维修管理、计划调控、物资管理、人力资源管理及专业知识。

培训方式：参与工程的规划、设计；参加系统设备技术规格设计、联络会和谈判；参与系统设备安装、调试和验收工作；参与综合联调、演练工作；特别在设备安装、调试、验收阶段，全面跟踪并接受供货商组织的技术培训。

②班组长培训。

针对基层团队管理人员实施培训，主要包括轮值工程师、工班长、设备系统负责人、各类调度、车队长等。应侧重技术业务、班组管理技巧、规章制度、服务意识、应急应变和新技术等方面的培训。

培训目标：全面了解和掌握运营设备特点、作业流程、规程和作业特点，进而使其具备组织、处理突发事件、系统设备故障等基本能力。

培训内容：设备操作规程和检修流程、班组管理技巧、设备专业知识、生产组织流程、应急预案等。

培训方式：参与设备安装、调试、验收和接管工作，熟悉掌握系统设备性能；接受管理人员和技术人员的业务培训。

③一线岗位人员培训。

主要针对生产一线在职员工实施培训，通常包括新技术培训、在岗培训、考证和晋升前培训，重点是保障中华人民共和国机动车驾驶证P证（有轨电车驾驶证）取证工作。初期可采取赴同行业优秀运营企业进行中短期培训。建立健全培训机构后，根据人力资源规划的岗位需求、培训需求，制定相应的短期、中期、长期培训规划，为员工设定长期发展培训路径。

培训目标：强化专业知识、技能，锻炼员工故障处理、应急处置能力，提高工作态度、效率、质量，巩固员工团队精神和安全意识。

培训内容：专业知识、设备检修规程、设备操作规程、岗位基本技能、规章制度、P证取证程序。

培训方式：师徒带教、专业人员授课，参与设备安装、调试、验收和接管工作，熟悉和掌握相关系统设备性能。

④新员工培训。

针对工作经验欠缺的新员工开展培训，培训工作需将人员招聘与培训有机地结合起来，提前介入，缩短生产人员上岗培训时间，降低培训成本。

培训工作要遵循合理组织、灵活运用的原则，结合公司发展情况、师资力量、培训资源等，制定科学合理的培训计划，以期达到最佳培训效果。

4）培训效果评估

培训效果评估是培训流程中最后的环节，评估结果直接作用于培训课程的改进和讲师调整等方面。效果评估应包括以下4个层面：

（1）反应层面。主要考核学员对培训师看法、培训内容是否合适等。是一种浅层评估，通常通过设计问卷调查表的形式进行。

（2）学习层面。主要检查学员通过培训掌握的知识和技能水平。通过书面考试或撰写学习心得报告等形式进行检查。

（3）行为层面。主要考核学员通过培训能否将掌握的知识和技能应用到实际工作中，从而提高工作效率，可通过绩效考核进行。

（4）结果层面。这类评估的核心是通过培训看是否对企业的经营结果产生了影响。结果层面的评估内容是企业组织培训的最终目的，也是培训效果评估的最大难点。

3.3.5 考核体系

考核体系能有效引导员工的行为规范，提升自身综合能力，能建立良性的激励和约束机制，持续激励员工，促进员工与企业共同发展，最终实现公司绩效目标，同时也能为薪酬福利分配、培训和岗位管理等提供依据。

考核体系以员工计划的业绩目标和工作业绩为基本考核依据，以公平、公正、公开、沟通、规范、促进发展为核心理念，遵循分级管理、逐级实施、统筹兼顾的原则。

考核体系适用于全体员工（领导班子除外），对返聘人员、劳务派遣员工可参照正式员工进行考核管理，最终考核结果的应用应归属相关劳务派遣单位执行。

1）组织管理

运营单位成立员工绩效考核管理机构，作为对员工绩效考核管理的最高决策机构，负责绩效考核的策划、实施、监督和指导，结合经营管理实际情况和业务特点，制定科学合理的年度绩效考核总体要求。公司的日常绩效考核管理，由人力资源管理部门负责；部门的日常绩效考核管理，由各部门负责实施，在执行考核或申诉时，应实行回避制。其具体工作包含如下内容：

（1）负责建立员工绩效管理体系。

（2）负责制定员工绩效考核制度，引导员工正确参与绩效管理。

（3）负责员工绩效考核工作的具体实施。

（4）负责指导规范开展员工绩效考核管理工作，进行监督检查和考核。

（5）开通员工评价渠道，总结收集绩效资料。

2）考核周期及考核对象

（1）考核周期。绩效考核是一个持续进行的动态过程，根据业务特点和员工特性，运营单位考核周期一般可分为月度考核和季度考核两种模式。月度考核具有即时奖励的特点，但管理成本较高，无法完全满足绩效管理需求；季度考核能在较长周期内获得较为可靠的绩效数据，能合理衡量考核指标，有助于提高工作效能。

（2）考核对象。绩效考核是现代企业不可或缺的管理措施，能充分发挥员工的潜能和积极性，以求更好地达到企业经营目标，因此要对运营单位全体员工进行考核。对员工的考核由其中所在管理部门进行，对于考核期内进行工作岗位调整的员工，由调整后所在管理部门进行绩效考核，考核者并应与员工原工作部门负责人沟通，确保考核的客观性和公平性。

3）考核方式

运营单位绩效考核，将员工考核起评分定为100分，原则上先由员工所在部

门主管，从各考核维度对其进行综合评价。

（1）月度绩效考核：员工入职时间大于半个月，按照以下公式计算评分：

月度绩效考核成绩＝月度工作完成情况评分×100%＋关键事件评价

（2）季度绩效考核：员工出勤时间不足三分之一的，不应参与考核；员工由试用期转正时间不足三分之一的也不予以考核。按照以下公式计算评分：

季度绩效考核成绩＝目标部门考核分数×70%＋工作能力及工作态度评分×30%＋关键事件评价

其中，关键事件分为对个人绩效及组织绩效产生积极影响或消极影响的关键事件。发生关键事件，考核人可对此事件评价，并在绩效成绩上加分（或扣分）。关键事件标准可根据运营单位绩效管理制度设定，对提升企业形象、技术创新、技术攻关、为企业经营创造附加价值等情况给予相应加分，对造成各类责任安全生产事故事件、违反作业纪律、劳动纪律、损害企业形象、造成较大经济损失等情况给予相应绩效扣分。其余考核项目则由各考核主管部门根据自身业务特点情况进行细化完善。

4）申诉

考核者对员工进行绩效考核时，如员工认为未受到公正对待，考核者应进行解释，员工有权在考核结果公布后的5个工作日内提出书面申诉。逾期未申诉者，则视为默认考核结果。

3.4 资金、物资与后勤保障

3.4.1 目标与任务

“自古道三军未动，粮草先行，兵精粮足，战无不胜。”运营筹备工作亦是一场战役，且是一场必须打赢的战役。因此，运营筹备的资金、物资及后勤保障，是打赢运营筹备这场战役的首要任务，是实施运营筹备工作的必要条件。

1）资金筹备

资金筹备目标：满足运营筹备各方面资金需求，合理进行资金应用，避免重复采购、无效使用和不当业务开支，实现科学的资金管理，使资金效益最大化。

资金筹备任务：运营筹备资金来源于项目工程投资，资金的使用应遵循价值最大化使用原则。资金筹备过程中要建立完善的资金使用评价机制，一是分析资金的使用价值，促进管理者资金运用决策水平的提高，同时分析资金的使用是否合理，资金储备是否充裕；二是评定资金管理水平，详细分析资金整体配置能力和运用能力等方面的管理，以保障资金的运用能够体现足够的价值；三是控制资金成本，全面分析工程筹备各阶段的成本费用，了解成本费用增减变化。

2）物资筹备

物资筹备目标：通过综合分析与研判，找到物资采购成本与质量的最优组合模式，降低成本投入，获取优质服务，保障物资安全高效供应。

物资筹备任务：物资筹备是运营筹备工作开展的物质保障，依靠信息化管理和现代物流供应链体系，充分开发市场，拓展多渠道供应，合理组织物资采购和招标活动，以合适的价格获取最佳的物资，降低运营成本，保障运营筹备工作的供给。主要任务一是根据运营物资筹备的需求，按照项目、种类、数量和到位时间编制采购计划，落实采购资金预算；二是按照采购计划合理开展物资采购工作，采购模式需综合分析物资数量、价格、市场化程度及相关政策后确定，以低成本高效率优质量为目的；三是做好物资验收工作，确保物资入库储藏、出库发放和配送供应的物资管理工作。

3）后勤保障筹备

后勤保障筹备目标：稳步建立高标准、高素质、高效率的专业后勤保障模式。遵循有利于提高工作效率、提升资金使用效益、促进后勤筹备资源优化配置的原则，为运营筹备提供衣、食、住、行及物资保障。

后勤保障筹备的任务：服务于筹备工作全局，为筹备工作提供合适的办公场所、办公用具、通信及衣食住行等基本保障，并根据工期进展和筹备进度情况，持续动态更新后勤保障计划，以最大限度满足筹备工作的后勤保障需求，避免后勤保障工作不力对运营筹备工作造成影响。

3.4.2 思路和策略

现代有轨电车运营筹备资金需求大，物资与后勤保障要求高，对于运营单位的资金、物资和后勤保障管控能力及相关管理制度都有着较高的要求。资金、物资及后勤保障的筹备思路和策略是对工作中发生的资金和业务提前进行详细的预算规划，明确分工和责任，推动资金筹备的高效管控，实现目标明确、运作规范、管控有力、减少无效运作和规避财务风险的目的。

资金预算规划是资金筹备管理的基础，通过资金预算分析与规划，促进运营筹备单位对筹备计划、人力资源配置、制定物资采购计划和采购模式等提前策划，进而掌握整个运营筹备成本。通过筹备工作各阶段资金动态管控，确保对工程建设的投资控制，保障实现新线运营筹备的最终目标。

3.4.3 架构设计与体系建立

根据新线建设规模、经营模式，组建适宜的组织架构，一般由综合部、计划部和财务部组成。资金的管理职能通常由综合、计划和财务部门负责，对运营筹备资金的使用计划、执行、反馈、检查、监督及考核整个过程进行管理。运营筹备期物资与后勤保障工作可由综合、计划、财务部门共同负责，通过收集使用部门提报的物资、后勤需求，结合运营筹备工作计划，制定资金、物资、后勤工作计划。

综合、计划、财务部门的另一主要职责为牵头组织编制、审核、落实资金计划，编写资金管理规章制度、定期收集资金执行信息，监控资金动态，编写执行分析报告，反馈执行情况，建立起管理体系（图3-4）。

3.4.4 筹备管理与保障

1）资金

在运营筹备阶段，须做好资金规划、筹集、使用管理等工作，保障按既定计划执行。运营筹备资金管理主要包括明确资金类别、制定资金使用计划、资金筹集及执行、过程跟踪反馈和工程竣工整改费用申请等方面。通过过程控制，确保资金申报、使用合理，满足运营筹备各项工作需要，保障线路顺利开通初期运营。

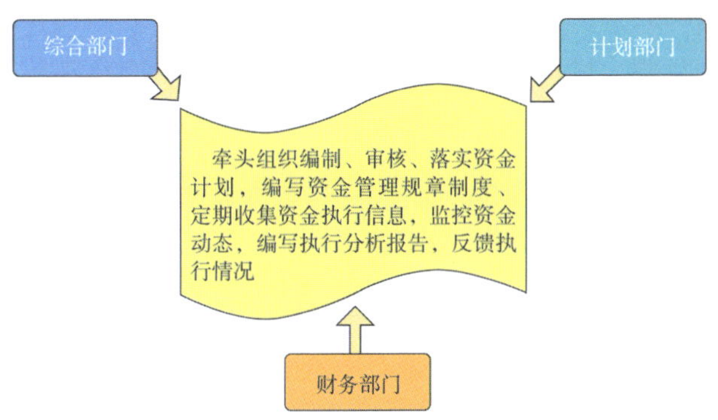

图 3-4　资金、物资与后勤保障体系

（1）明确资金类别。

运营筹备阶段所需的各项资金可按照人员、物资、工程关键节点等确定资金类别。人员资金包括人员的薪酬、培训和初期运营费用；物资资金包括生产办公用品及生产家居用品采购、重要物资采购、工（器）具采购（图 3-5）。

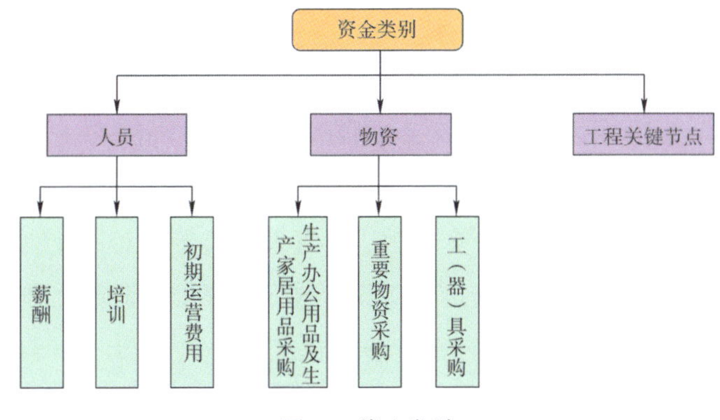

图 3-5　资金类别

（2）制定资金使用计划。

根据运营筹备期及线路开通初期运营所需的人、财、物的需求，结合各阶

段人员到位、物资采购等情况，对全过程的成本费用进行预测，制定资金使用计划。

编制资金使用计划时，应在充分借鉴既有线及以往运营筹备资金使用信息的基础上，根据运营筹备介入至新线开通初期运营过程中的各重要时间节点、各项任务工作计划编制资金使用计划。首先，结合新线开通运营筹备总体规划，根据竣工验收、综合联调、试运行、综合演练、初期运营前安全评估、运营接管、开通初期运营等重要时间节点，编制各阶段资金使用计划。其次，根据人员到位情况及人力资源筹备、设备设施接收、规章文本编制等计划，拟定各项计划所需资源，细化资金补充方案。

资金管理部门根据现代有轨电车项目概算中规划的运营筹备阶段各项资金额度，结合线路开通初期运营目标及员工到位情况，提出年度资金计划目标，报批后将各类管理费用额度和采购资金额度下达相关部门。各部门制定物资采购计划，由资金管理部门汇总各部门采购资金计划，组织对所提报物资的必要性、安全性进行综合评估，按照轻重缓急进行报批。

在运营筹备初期，根据人员到位情况，落实生产办公家具及用品的采购。同时，应根据试运行等关键工作节点，落实工（器）具采购、生产办公及生活家居的采购、车辆场生产设备采购等资金，同时申报综合联调与演练等资金需求。

（3）资金筹备及资金计划执行。

按照资金使用计划，完成资金筹集。资金预算审核批准后反馈至相关部门，各部门根据资金使用计划按照时间节点及任务进行资金下达。

（4）资金使用过程跟踪反馈。

在资金计划实施阶段，对资金使用进行管理和监督，对资金使用过程进行跟踪和反馈，确保资金按既定计划执行。具体执行可根据运营单位实际情况通过采用资金使用信息反馈和资金使用考评管理等方式。

通过持续的资金使用信息反馈，不仅可以掌握资金使用计划执行力度，也可以保证资金计划执行的严肃性。一般情况下，当期资金计划的执行要控制在计划额度内，若实际执行未能按照计划完成，余额一般不能带到下期使用。为了保证资金使用计划高效落实，在使用计划资金前，需提前进行申请，通过审批后再使用。通过用前审批，用后核对的方式，保证资金计划额度与资金使用额度相符，对与计划执行不符等异常情况进行说明，通过定期的资金使用信息反馈，做到对资金使用的动态跟踪。

（5）工程竣工整改费用申请。

现代有轨电车项目进行国家竣工验收前，资金管理部门需组织各部门根据竣工验收后遗留问题、线路预留待完善问题、整改项目等进行工程竣工整改资金申报。运营相关部门根据实际情况，对于验收前无法完成的整改项目，经设计单位和建设单位审核，经政府部门同意后纳入整改项目；对在国家竣工验收前无法完成的投资概算内的采购运营生产设备，需再次提报工程整改资金的申请。

2）物资

物资筹备管理指将物资计划、物资采购及物资库存进行合理规划，从服务、成本、供应三方面保障运营筹备物资。在物资筹备管理中，对物资进行分类管理，主要根据运营筹备工作中的人员、设备系统进行分类，人员的物资主要有劳保用品、办公用品、服装、工（器）具等；设备系统物资筹备主要根据各专业系统进行分类，做好信号、供电、车辆、机电、通信、轨道、自动售检票等系统的备品备件、易耗品、材料等物资的规划（图3-6）。

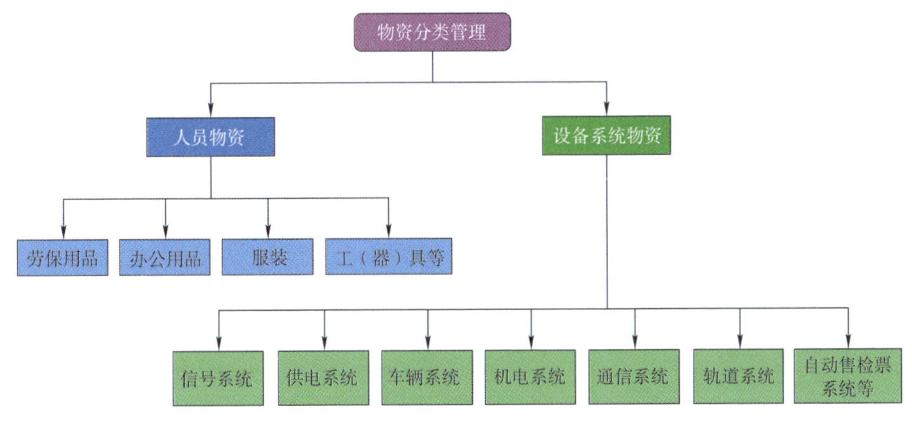

图3-6　物资分类管理

物资筹备管理中，应在充分调研市场的基础上，在资金使用计划范围内，由物资需求部门根据各类物资的轻重缓急，明确物资采购顺序、制定采购计划，并及时下达物资采购计划，做好采购合同的归档汇总，对采购物资进行追踪和反馈，配合财务部门做好竣工结算。

为保证运营筹备阶段物资管理工作的高效，应严格落实计划编制、采购及仓储工作，建立全面、系统的物资管理信息系统（图3-7）。在物资管理系统中包含物资采购计划提报、资金来源、采购申请、供应渠道、到货日期、物资接收、仓储地点等信息，按照物资类别、专业、易耗程度进行分类管理，保证信息完整、清晰，同时操作简便、运转高效，提高工作效率。

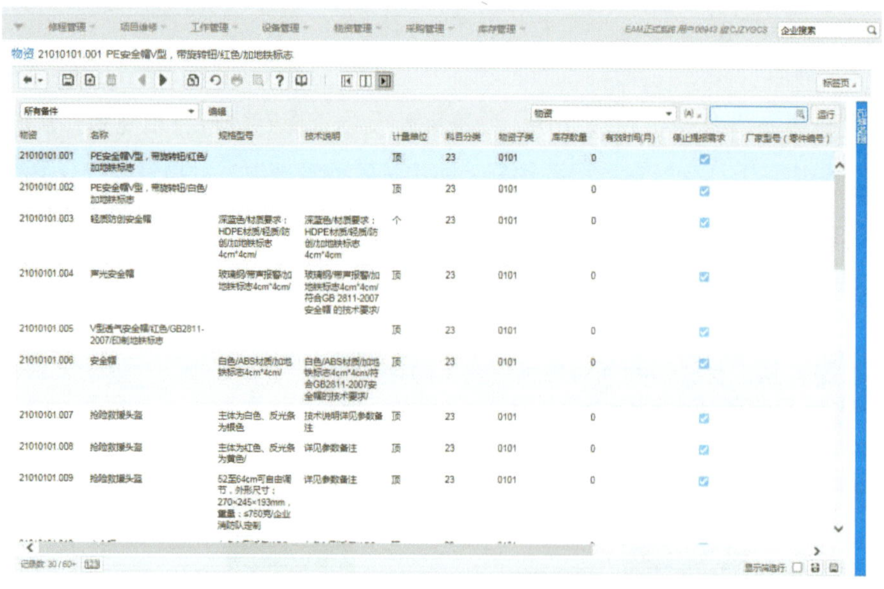
物资 21010101.001 PE安全帽V型，带旋转钮/红色/加地铁标志

物资	名称	规格型号	技术说明	计量单位	科目分类	物资子类	库存数量	有效时间(月)	停止提报需求	厂家型号（零件编号）
21010101.001	PE安全帽V型，带旋转钮/红色/加地铁标志			顶	23	0101	0		☑	
21010101.002	PE安全帽V型，带旋转钮/白色/加地铁标志			顶	23	0101	0		☑	
21010101.003	轻质防创安全帽	深蓝色/材质要求：HDPE材质/轻质/防创/加地铁标志4cm*4cm/	深蓝色/材质要求：HDPE材质/轻质/防创/加地铁标志4cm*4cm	个	23	0101	0		☑	
21010101.004	声光安全帽	玻璃钢/带声报警/加地铁标志4cm*4cm/	玻璃钢/带声报警/加地铁标志4cm*4cm/符合GB 2811-2007安全帽 的技术要求/	顶	23	0101	0		☑	
21010101.005	V型透气安全帽/红色/GB2811-2007/印制地铁标志			顶	23	0101	0		☑	
21010101.006	安全帽	白色/ABS材质/加地铁标志4cm*4cm/	白色/ABS材质/加地铁标志4cm*4cm/符合GB2811-2007安全帽的技术要求/	顶	23	0101	0		☑	
21010101.007	抢险救援头盔	主体为白色、反光条为银色	技术说明详见参数备注	顶	23	0101	0		☑	
21010101.008	抢险救援头盔	主体为红色、反光条为黄色/	详见参数备注	顶	23	0101	0		☑	
21010101.009	抢险救援头盔	52至64cm可自由调节，外形尺寸：270×245×193mm，重量：≤760克/企业消防队定制	详见参数备注	顶	23	0101	0		☑	

图3-7　物资管理信息系统典型界面

随着线路运营筹备接管，物资采购需求加大，在运营筹备单位内部建立物资管理信息系统的同时，为提高采购效率，应充分运用电子网络技术，通过在政府、运营单位等网页建立物资采购信息专栏（图3-8）等方式，完善对外物资采购管理，将年度物资采购信息公告上网，有助于物资采购招投标顺利开展，同时也可通过网上公开询价、比价，优化采购流程和压缩采购时间。

图 3-8　物资采购信息典型界面

通过优化采购流程，加快采购效率，保障物资及时到位。在内部管理中应加强物资仓储管理，在设计之初，运营筹备人员即介入物资仓库的规划设计工作，确保各项使用功能齐全；根据仓库建设完成情况，做好仓库接管工作；制定仓库物资管理制度及出入库操作指引，根据物资的分类，按照出入库流程，加强物资入库检验和出库工作，做好物资的保存和管理。

3）后勤保障

开通初期运营之前，一般后勤保障设施尚未完全投入使用，在这种情况下，应在充分合理利用社会资源基础上，尽全力与各部门协同配合，为一线员工提供后勤保障。根据运营筹备阶段后勤工作任务，及时编制后勤保障制度，保证衣、食、住、行等需求。

（1）车辆保障筹备。

在运营筹备期，坚持经济、适用、与运营筹备配套的原则购置车辆，满足运营开通前后工作任务的需求。通过对车辆的配置、调整、更新、使用调度、维护、行车安全措施等环节，确保车辆设备完整、技术性能良好，规范车辆使用，保障人员、财产安全，提高司机工作效率和服务质量。

在运营接管前，根据筹备工作组织架构、人员情况，合理安排车辆，保障人员通勤、工程跟进等基本需求。从运营介入工程建设至开通初期运营，根据各部门用车需求，制定车辆使用方案，了解实际需求，对保障方案进行及时调整，确保车辆使用合理，满足工作需要。

（2）安保管理筹备。

在运营筹备阶段，为保证办公场所的封闭式管理，在车辆场内、正线办公场所设置安保人员。在车辆场内，根据场内面积的大小，合理设置出入口，在出入口设置保安24h轮班值守；根据车辆场出入登记制度，严格执行人员、物品、车辆等出入登记，防止违章人员进出。按照设备属地管理原则，设备归属部门做好设备设施的维护和日常巡视工作，并定期对安防报警系统进行检测测试，确保设备使用正常。

现代有轨电车区别于其他城市轨道交通制式，不在车站设置服务人员，仅在终点站设置司乘人员换乘室。可根据实际情况配置定点保安和巡逻保安，以维护车站秩序。

现代有轨电车基本为地面线路，大多运行于道路绿化带中，拥有半独立路权，在平交路口区段与社会交通共享路权，按照社会交通信号通行。因此，根据新线实际情况，在运营筹备阶段通过与建设单位、政府相关部门积极沟通协调，在交通繁忙的平交路口等重点区段配置交通协警（图3-9），指引沿线民众文明驾驶、遵守交通规则。

（3）居住办公环境保障筹备。

居住办公环境保障筹备是为运营筹备人员提供安全、健康的居住办公环境。餐食筹备具有任务重、安全要求高、持续时间长、服务性强等特点。在运营筹备初期至开通初期运营前，后勤保障设施尚未完善，要尤其注意保障好运营筹备人员的居住、餐饮、工作环境，为工作人员提供一个安全舒适的环境。

3.4.5 多元经营

现代有轨电车作为民生工程，具有公益性特点，票款收益难以覆盖运营成本，中长期也无法平衡投资收益，在运营、维护上需长期资金投入。为实现现代有轨电车的持续发展，促进行业健康成长，应充分挖掘自身资源，开发多元经营，有效利用行业优势，激活企业活力，这对于现代有轨电车运营单位实现盈利具有积极意义。通常情况下，现代有轨电车运营筹备阶段的多元化经营有轨道+物业开发和多媒体经营两大板块。下面重点对多媒体经营板块进行介绍。

图3-9　交通繁忙平交路口配置的交通协警

现代有轨电车外形靓丽养眼，外包车身广告（图3-10）具有较强的视觉冲击效果，符合广告炒作营销的需求，如搭配车厢内部广告同步宣传，极易形成具有有轨电车特色的媒体传播，拥有较强的市场前景。现代有轨电车站台位于道路车道线中，站台与列车二者动静结合，具有极佳的视觉冲击效果。此外，广告灯箱作为站台的核心资源，因饱受公众视野关注，具有极高宣传价值。因此，运营单位应充分利用其资源，做好开发利用工作。

在运营筹备阶段就应提前做好媒体产业规划，根据自身线路特点及与地铁等交通热点区域接驳的情况，充分开发现代有轨电车站台广告灯箱、站台贩卖机，车身内外广告和站台+车内PIDS（Passenger Information Display System，乘客信息显示系统）屏播报（图3-11、图3-12）等自有资源，开展以现代有轨电车资源为主体的多媒体经营。

图3-10　车身广告

图3-11　站台PIDS播报广告

图3-12　车内PIDS屏播报广告

站台广告灯箱（图3-13）设计时，应同步参考车站整体设计与规模，在不影响安全生产和服务质量的前提下，遵循空间利用最大化原则，尽可能突出广告灯箱的设置，同时，采用发光二极管(Light Emitted Diode,LED）等高光、高清晰度建造技术，在视觉效果上给予最大满足，便于投放广告的全方位立体展现，重点突出广告灯箱的推广价值。因此，在运营筹备阶段，应提前完成车站与站台广告灯箱的规划，同时在设计站台时，还应预留商业自助设施的位置与电路，有利于运营企业开通线路后进一步开发车站资源。

图3-13　站台广告灯箱

3.5　运营技术与管理

3.5.1　规章制度制定

规章制度是企业管理的基石，是企业实现“制度管人，岗位理事”理念的根本，是企业与员工在工作中必须遵守的劳动行为规范的总和，是企业规范运作的准绳。完善的规章体系，应明确各岗位职责、要求及作业标准；完善的管理制度，使企业在人、财、物的管理上有据可依、有章可循。规章制度既保障企业的利益，也维护员工的权益。

1）总体要求

制定规章制度，要严格执行国家法律、法规规定，保障员工劳动权利，督促员工履行劳动义务，体现权利与义务一致、奖励与惩罚结合的原则；还应符合行业标准，从运营单位实际出发，使其更具操作性、实用性和简洁性；并在使用中不断修订完善，建立健全标准化制度体系。

2）制度体系

规章制度按标准化质量体系分为三级：一级文件是公司级规章制度，二级文件是部门级规章制度，三级文件是车间（室）级规章制度。

规章制度按类型可划分为4类（图3-14）：安全技术类、行车客运类、设备维护类和综合管理类。安全技术类是从安全管理、技术管理、事故事件处理及调查分析、应急处置等方面制定规章制度。行车客运类是从行车组织、运作模式、作业标准、施工管理、客服管理、票务管理等方面制定规章制度。综合管理类是从财务、人事、后勤、综合及培训等方面制定规章制度。设备维护类是对供电、轨道、车辆、信号、通信、AFC等系统设备进行规范，主要有各系统的操作规程、维修维护规程、维修作业工艺卡及相关应急故障处理指南等。

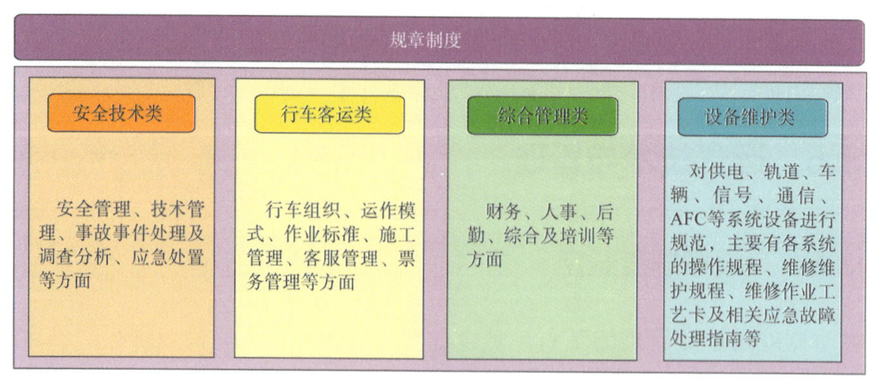

图3-14　规章制度类型

3）编制计划

规章编制之前，应综合考虑相关法律法规、行业标准、内外部环境、系统设备特点等，结合同行业运营单位的规章体系，详细策划符合本单位运作、管理需求的规章体系，并拟定详尽的规章编制计划。

规章编制计划应考虑规章的全面性、精简性及操作性。对同类规章进行整合，规章之间应相互匹配、无矛盾、无重复。例如培训管理规章，不同工种培训管理规章内容大同小异，建议统一归口组织编制，避免各工种各自重复编制培训管理规章，从而达到提高编制效率和效果的目的，也便于员工掌握和执行。

规章编制计划应与工程进度相匹配，并在颁布实施前预留充足时间进行培训、演练。

规章编制计划应包括规章名称、适用范围、编制期限、责任单位/负责人、配合部门、会签时间及格式等内容。

4）规章编制

规章的编制过程一般包括资料收集、编写、讨论、会签、报批及发布实施等环节。

（1）规章编制总原则。

规章编制应贯彻执行国家和地方有关方针、政策、法律、法规和强制性标准。

各系统的操作规程、维修维护规程、维修作业工艺卡等规章的编制应以各系统技术资料为依据，内容必须符合各系统技术标准和参数要求。

人、财、物、营销管理规章必须根据企业架构进行编制，明确各项规定的落实主体，确保各项工作依法合规、合理开展。

规章编制内容必须精简、通俗易懂，各类工作流程以流程图为主。

作业标准类规章编制完成后，应进行实地测试，对不符合安全要求、质量要求、技术要求的规章，必须重新修改。

（2）规章编制程序。

规章编制流程如图3-15所示。

5）规章实施

规章发布实施后，对于通用类规章，规章归口管理部门应组织全体员工进行

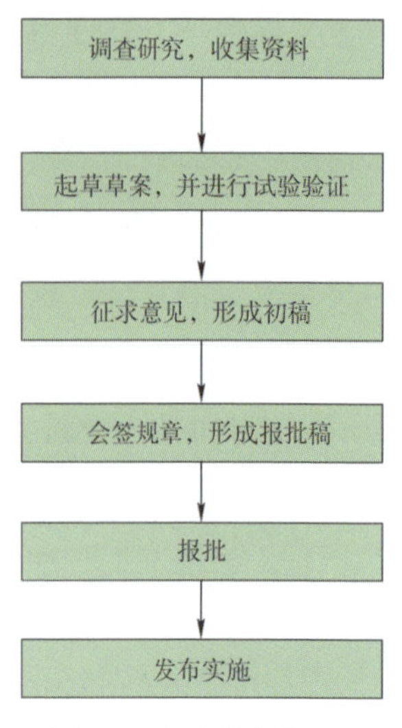

图3-15 规章编制流程图

培训，必要时可制作相关手册印刷发放，促使员工尽快熟悉、掌握。对于专业类规章，可由使用部门针对各岗位分别组织进行专项培训，必要时可在作业地点张贴流程图，以提示员工严格按照规章作业。对于应急处置类规章，应有针对性地组织实战演练、桌面演练，通过演练促使员工掌握应急处置流程，同时对规章进行实战检验，便于进一步完善提高。

规章发布实施并组织培训后，可通过理论/实操考试、突击演练等形式，检验规章的落实情况，并对实施情况进行全面总结，确保规章得到严格落实。

规章发布实施后，还应通过实际应用全面检验其效果，并做好梳理汇总，收集规章存在的不足与问题。同时还应对规章组织定期评估，根据评估结果确定规章修订的必要性。

6）规章修订

规章制度在执行过程中，应组织定期、不定期审查，评估出不符合运营需求的内容，并对发现的问题组织修订、会签，并及时发布，同时废除旧版规章，确保执行文本的时效性。

规章制度的修订，需要经过科学规范的程序，应坚持遵循“实践检验→评估→修订”的循环过程，根据工作实际情况，以及国家和行业最新法律、法规、规范及相关文件的变化而及时修订。规章制度的修订应按照如下程序履行：

（1）修订需求收集。根据运营实际需求，对各部门、各专业、各岗位现行的规章制度进行评审，对可能需要修订的规章制度内容进行意见收集、归纳。

（2）立项筛选。根据前期收集、归纳的修订意见和建议，召开评审会议，评估规章制度内容能否满足操作规程和安全管理的需求，评估结果作为是否需修订的主要依据。对需要修订的内容，进行修订立项并提出修订初步意见，最后进行集中讨论并将结果形成书面材料。

（3）修订发布。修订完成的规章提交至技术负责人员审核，经主管领导批准后，以文件形式发布实施，然后下达至各部门、车间（室）、班组。

（4）修订质量管控。正常情况下，每年或半年组织一次规章制度修订，对安全操作规程和管理制度的时效性、有效性、可操作性进行一次全面评估。对不符合的项目进行分析，提出整改计划，制定相应整改措施。当采用新技术、新材料、新工艺或现有工艺变更时，及时组织有关人员制定符合要求的安全操作规程和安全管理制度。

3.5.2　技术体系建立

技术体系是运营单位内部各部门、各专业，对所辖范围内各系统设备建立统一的技术管理规范，形成各专业间相互作用、相互联系的有机整体。正确制定和贯彻执行标准、技术规程，是企业建立正常生产技术秩序、完成技术管理和安全管理、质量管理的重要基础。其具体表现形式有规程、指引、工艺卡等形式。

1）技术体系构架

现代有轨电车运营服务工作技术体系涵盖众多专业，包括车辆、信号、轨道、供电、AFC、机电、行车组织等数十个系统和专业，且相互之间的内在联系也比较复杂。不同的系统和专业自身都具有较强的系统性和针对性，对可靠性和可操作性的要求也不同，都需要形成符合系统设备的操作、维护手册。技术类文本包括操作规程、维护规程、工艺卡和作业指导书等，通过这些技术文本，可以明确各岗位、各专业的工作内容，操作规范、应急处置程序和执行标准。技术体系构架的构建可参考图3-16。

2）编制流程

技术类文本的编制工作应分步分批次进行，按照运营实际需求确立不同阶段的优先项。编制流程应按照需求收集、立项筛选、计划发布、内容编制、成果会签、发布执行的流程实施。同时还需要根据实际使用情况定期进行修订，以满足运营生产的实际需求。

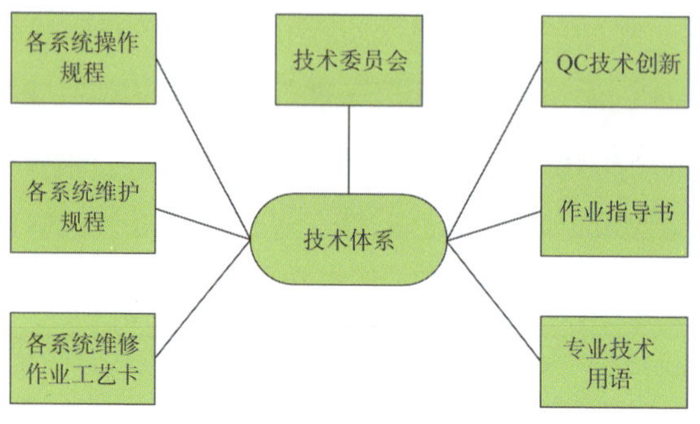

图3-16　技术体系架构图

3）技术委员会

运营单位宜组建技术委员会，以统筹运营管理技术，研究决策重大技术事项，支持运营单位科研、装备国产化、技改技措和委外维保等项目安全、有序开展。此外，技术委员会还应根据国家有关法律法规要求，结合行业技术发展趋势，制定并批准企业技术管理方针、规划和工作目标，同时对科研项目进行立项评审、监督实施和成果鉴定。技术委员会工作程序可参考图3-17。

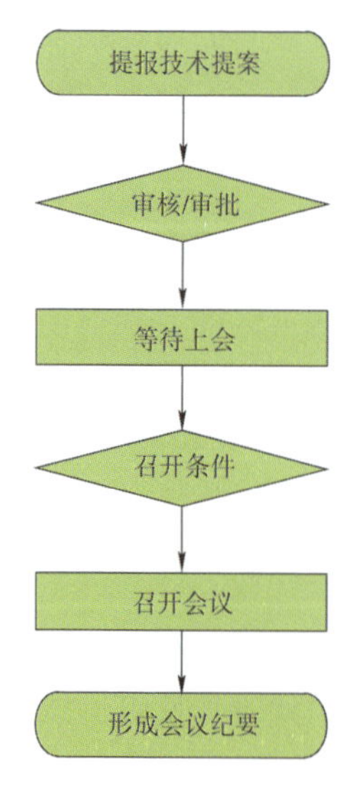

图3-17　技术委员会工作程序

4）QC（质量控制小组）技术创新

企业根据自身战略发展需要和各业务部门实际工作的开展，针对发展过程中存在的重点问题、突出问题、共性问题及关键性难题，按照保障安全、保护环境、提升效益、提高质量、提高效率的原则，开展技术创新、管理创新、服务创新。有利于持续提升企业核心竞争力和管理水平，解决运营生产服务中存在的突出问题和共性、关键性难题，激励员工的创新精神，充分调动员工潜能和积极性，提升员工的技术水平和攻关能力，提高企业创新能力，促进公司的长远发展。

现代有轨电车运营单位技术创新可分为自主创新与重大疑难问题攻关两种形式。包括但不限于经营管理思路和方法上的创见，对检修工艺、设备设施、技术标准的改进，节约原辅材料、修旧利废，创新改善运营服务方法和过程，显著提高服务质量、服务水平，提高乘客满意度等内容。一般可在按照宣传、课题申报及成果申报、课题总结3个阶段进行。

3.5.3　管理体系建立

企业的质量、环境和职业健康安全管理体现在系列规范化的标准管理体系。有轨电车运营单位管理体系包括公司级、部门级、车间（室）级各级别机构管理对应的标准的制定、发布、实施、检查、修改、修订、废止、归档、印刷、发放及报废等内容。

1）管理体系构架

现代有轨电车运营管理体系包括但不限于经营、技术、安全、行车、客运、票务、人力、信息等方面，其管理体系架构如图3-18所示。

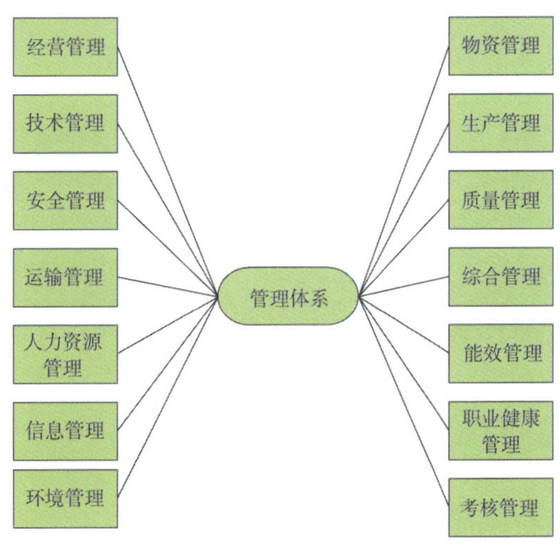

图3-18　管理体系架构

2）各级管理职责

（1）公司级职责。负责公司级标准制定、修改、修订、废止的审定和批准。

（2）部门级分管职责。负责分管部门级标准制定、修改、修订、废止；对本部门职责范围内程序、技术标准、作业标准的编制、审核、修订进行管理和控制；收集适用于本部门质量、环境和职业健康安全管理的法律法规、政府规章及相关要求，并反馈至标准统筹部门。部门领导还需会签涉及本部门职责的公司级标准。

（3）车间（室）级分管职责。负责分管车间（室）级管理标准制定、修改、修订、废止；对车间职责范围内程序、技术标准、作业标准的编制、审核、修订进行管理和控制。分发受控标准到指定的工作区域并回收旧标准，确保分发清单的准确性。申请额外的标准需求或报告丢失的任何标准，确保所分发的标准为最新标准，如本区域内的人员、架构变化，要更改发放记录并通知归口管理部门。

3）管理体系标准编制

（1）标准识别。管理体系标准需建立在现有法律法规的基础上，对管理过程中所发现的确实存在的问题，通过识别、提议等一系列流程，逐级提报，最终由公司决策层以相关技术会议决议是否需新增或修改现有文本。标准识别过程可参考图3-19。

（2）标准制定。标准制定程序一般分7个阶段：计划阶段、编制阶段、审核阶段、会签阶段、修改确认阶段、审定阶段、批准发布阶段。具体实施流程如图3-20所示。

（3）标准修订。对标准进行修订时，要求部、车间（室）同标准编写单位进行协商，由原标准编写单位填写“标准更改申请表”申请修订，同时将修订内容按“标准修订记录表”格式填写。

3.5.4 票价方案制定

现代有轨电车的功能定位为城市轨道交通的补充或城市公共交通的骨干，作为民生保障工程，票价的制定应当遵循公益性的原则，合理参考同行业标准，统筹平衡社会、政府及运营单位的利益。

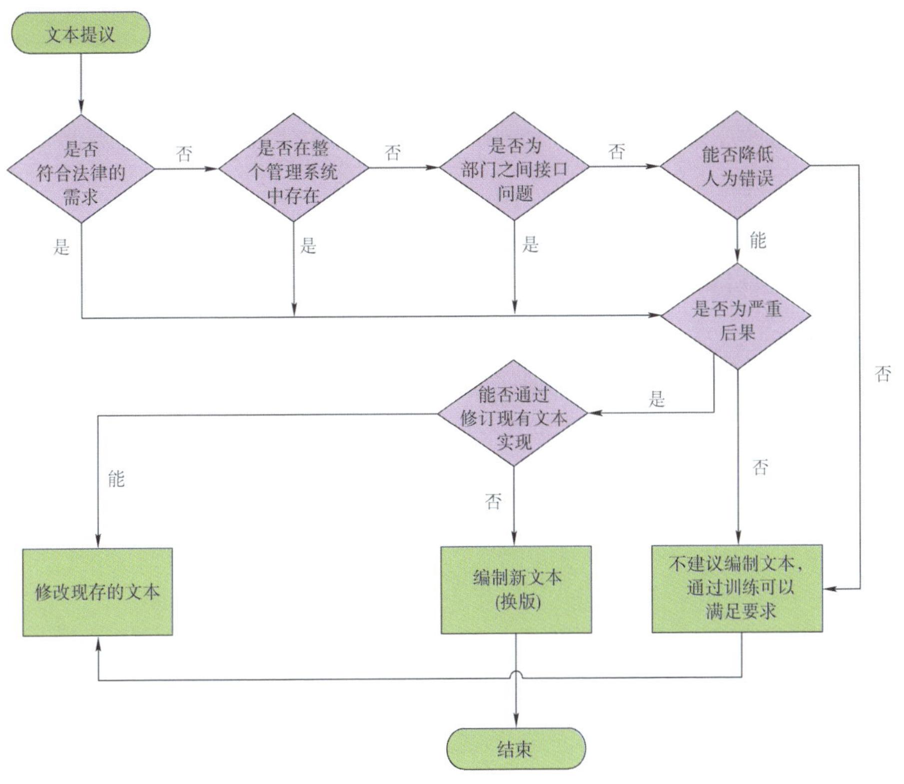

图 3-19　标准识别过程

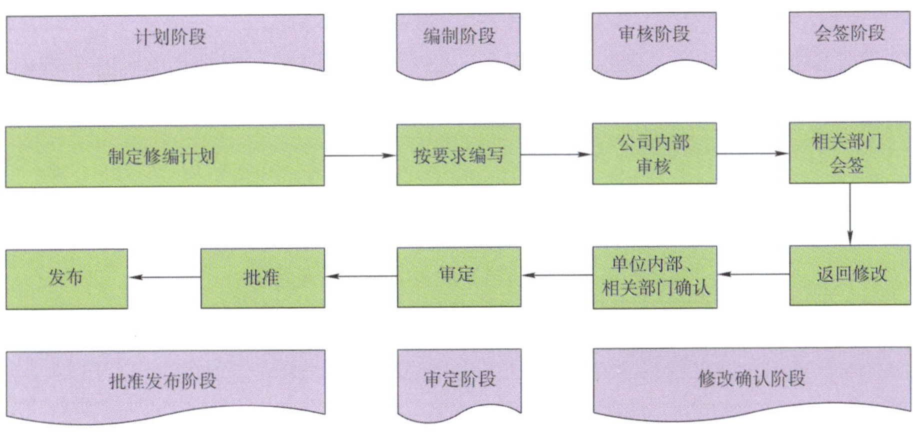

图 3-20　标准制定流程

1）定价原则

（1）公益性原则。公共交通的民生属性决定了票价必须坚持公益性。票价要能吸引市民选择公共交通出行，充分体现公共交通的公益性，这样也有利于交通节能环保。

（2）与业内标准相比较原则。综合考虑交通行业各种类型交通方式的功能和特点，开展价格标准比对工作，这对于促进城市交通运输资源的合理配置和协调发展有重大意义。鉴于现代有轨电车的建设、运营、管理、维护等成本低于地铁，高于传统公交，其票价的合理区间应控制在地铁与传统公交的价格水平之间。

（3）统筹平衡原则。统筹、平衡社会可接受的票价、行业可持续发展以及政府财政支持力度，以国内已开通现代有轨电车城市的票价水平为参照，综合自身实际情况，按照运营收入基本弥补运营成本的思路确定票价水平。

2）票价制定方案

（1）票制选择。目前公共交通票价多为分段制和里程计价制。现代有轨电车在未形成多线路网络运营前建议采取一票制方案，目前国内大部分已开通现代有轨电车的城市也均实行一票制。关于车票形式，可采取纸质版或电子票形式进行发售，其对设备设施要求简单，能较大降低运营成本。

（2）票价方案选择。根据定价原则，参照国内部分开通现代有轨电车城市的公共交通票价水平，结合自身的实际情况，设置不少于3种票价方案进行听证。全国部分开通现代有轨电车城市的公共交通票价见表3-3。票价测算时，客流以研究机构测算结果为依据。

部分开通现代有轨电车城市的公共交通票价 表3-3

开通线路城市	电车线路长度（km）	有轨电车票价	公交票价	轨道交通（地铁）起步票价
天津	8	2元	1~2元	2元（5站4区间）
上海	40.5	2元	1元起	3元（6km）
深圳	11.7	2元	2元起	2元（4km）

续上表

开通线路城市	电车线路长度（km）	有轨电车票价	公交票价	轨道交通（地铁）起步票价
大连	23.4	1~2元	1元起	2元（8站以内）
长春	12.2	1元	1元起	2元（14.5km内）
沈阳	63	2元	1元起	2元（8站以内）
广州	22.1	2元	1元起	2元（4km）
苏州	44.2	参照公交，单一票制，票价介于地铁和公交之间	1元起	2元（6km）
南京	16.7	与公交执行相同票价及优惠	1元起	2元（10km）

最终票价以政府审批公布方案为准，若开通实施票价与测算票价不相同，票务差额可由运营公司向主管部门申请财政补贴，主管部门审核批准后由政府据实补贴。

3.5.5　筹备管理与保障

1）筹备管理

筹备管理的目标是通过统筹安排各项筹备任务，为顺利实现新建线路的开通提供坚实、可靠的基础。

现代有轨电车运营单位组织架构的设置，以满足承接运营组织工作需求为目标，按业务模块，针对行车、客运、设备维护等核心业务领域的职责划分和管控进行设置。组织架构的合理设置涉及人、财、物、规章、流程等基础条件的建立，涉及范围广、工作接口多、组织协调难。应根据所要完成的任务，确定责任人，也为各类专业人员提供工作平台和运作指令，各司其职，互相配合，在筹备组织内实现信息、资源、任务的顺利流动，提升工作效率。

2）筹备保障

（1）行车组织保障。

筹备初期，根据筹备进度，结合运营单位开通初期运营的需求，确保现代有轨电车车辆到位，数量满足运营要求，并完成联调联试，具备上线运行条件。

为保障运能与客流的匹配，以工程初步设计为基础，结合沿线居民、企业、商业、医疗与教育资源及中长期规划等情况，开展客流预测工作，并编制《运营线路开通初期客流预测专题报告》，便于指导后期行车组织与客运组织工作。

根据客流预测情况制定行车组织方案。确定首末班车运营时间、全天运营时长、运行交路、行车间隔，交路运行周期、技术速度、旅行速度、列车定员、单向高峰小时最大断面客流等，提前策划好行车组织方案。

（2）客运组织保障。

客运组织工作应以乘客为中心，以安全为核心，坚持高度集中、统一指挥的原则，做好以下工作：

①基于客流预测、列车运行图，车站设施及岗位设置情况，编制合理的客运组织方案。

②在筹备组织管理机构中，应明确客运组织筹备负责部门或管理人员，负责运营单位客运组织管理相关工作。主要工作包括客运组织、票务组织、导向、客运服务设施、大客流应急处理预案等。并指定一个部门负责服务质量评价和监督工作。

③按照行车组织和客运组织需求，建立各部门、车间的运作模式，合理设置岗位编制，并根据筹备时间节点，完成各岗位人员的招聘、培训等工作。

（3）服务设施。

运营筹备期间应加强服务设施设备安装的跟进力度，确保线路开通日前，完成各项服务设施设备的设置工作。运营服务设施主要包括车站客运服务设施、票务服务设施、出入口设施与其他公共交通接驳通道、垂直电梯及电扶梯等。

（4）导向导乘。

现代有轨电车车站应提供清晰、明了、准确的导向信息，方便乘客进站、购票、乘车、下车及出站，紧急状态下有利于车站的快速疏导。车站导向导乘标识安装应符合国家有关规范规定。

（5）票务组织保障。

①规章制度制定及培训。

为满足初期运营阶段票务运作需求，应组织精干力量，根据宏观票价及票务政策、设备体系等，在开通初期运营前编制完成有关规章制度文本，同时开展专项培训工作。

②车票准备。

应根据拟定车票类型提前准备车票。如纸质单程车票，应在开通初期运营前按每月消耗量、备用量定制印刷，并于开通初期运营前完成全线自动售票机配备。

③备用金和零钞准备。

应提前编制备用金管理办法，与银行签订零钞配备协议，在开通初期运营前1个月做好备用金申请及零钞配备工作。

④票务现金收益安全管理。

票务现金管理严格遵守“收支两条线”“账实相符”的要求。根据票务盘点周期，对AFC设备内所有的车票、钱箱进行清空和清点。收益人员每天上交各类票务报表，由票务管理员核对各类票务报表，确保票务现金收益安全。票务稽查不定期抽查票务相关报表，检查工作人员日常作业，层层把关、逐级负责。

⑤现金解行。

现金解行工作由经银行授权委托的押运人员和当值收益人员负责，且必须在票务监控摄像范围内进行。

（6）道路交通标识。

①上跨现代有轨电车线路的其他设施或结构，设置安全防护设施。

②在仅允许现代有轨电车通行的路段，设置禁止其他交通方式进入的标识。

③在与现代有轨电车线路交叉的道路上，设置有轨电车线路的标识或标志牌，在有轨电车线路与道路交叉口应设置黄色禁停网格线。

④与现代有轨电车线路相交的人行通道，标志标识或信号灯已配置完整。

（7）交通信号。

①运营线路与机动车、非机动车的平面交叉口采用交通信号灯控制，现代有轨电车信号控制系统与道路交通信号要相互协调，并已通过性能测试。

②设有道路交通信号灯的平面交叉口，设置现代有轨电车通行专用信号灯。

③现代有轨电车在平面交叉口有多个行驶方向时，每个方向均设置有轨电车专用通行信号灯组，灯组顶部设置电子显示牌。

④现代有轨电车专用通行信号灯的可视距离应大于140m。因线路环境条件限制不能满足时，应增设预告信号灯。

⑤现代有轨电车在平面交叉口运行期间，应将道路交通信号灯锁定。

⑥现代有轨电车需优先通过平面交叉口时，应能按照道路交通信号控制系统的要求，提前向道路交通信号控制系统发送优先通行请求信息。

（8）安全管理保障。

建立适应现代有轨电车运营的安全管理体系，内容主要包括安全管理规章制度、安全管理组织架构、行车客运安全管理、消防安全管理、职业健康安全管理、应急管理、安全教育培训、危险源识别和风险评估等方面。

（9）安全培训。

安全培训管理应制定相应管理办法，如三级安全教育制度、年度安全复训制度、转岗人员培训制度。针对线路特点对设备实操、应急预案、新线安全注意事项、消防技能等方面进行培训。在特种作业和特种设备操作人员管理上，严格执行国家、省、市相关法律、法规，确保持证上岗。

（10）危险源管理。

为全面辨识运营风险源，采取针对性的控制措施，确保运营安全风险可控，应结合现代有轨电车运行特点，按照《城市轨道交通运营安全风险分级管控和隐患排查治理管理办法》的要求，建立并完善“识别-评价-控制-改善”风险管理体系，组织开展危险源辨识和安全隐患排查，对危及运营安全的隐患制订并实施针对性的管控措施，开展风险隐患登记造册工作，实现风险隐患闭环管理，确保风险持续可控。

（11）安全检查。

根据国家、省、市关于安全生产的相关法律法规，编制相应安全监察管理办法，对公司、部门、车间（室）及班组四级机构的安全检查类型、频次、检查内容、整改要求等做出明确规定。安全管理部门行使公司安全监管职责，通过开展专项安全检查、季度安全评估、月度检查等，对各层级的安全检查工作落实情况进行督查。

应根据相关要求，做好试运行前安全检查、全时刻表演练前安全检查、初期运营前安全检查，全面做好各阶段运营安全检查工作。

（12）劳动保护。

根据法律、法规和职业健康管理体系要求，制定相应的劳动防护用品管理办法，明确各专业、工种的劳保用品配备标准，按时足额发放各岗位劳动保护用品，并严格要求员工按规定穿戴劳保用品。

（13）保险。

应为其所管辖的建筑物、构筑物及机器设备设施等财产投保财产一切险、机器损坏险，并为第三者人身伤害或财产损失的责任投保公众责任险。

3）政策保障

2018年3月23日，国务院办公厅发布《国务院办公厅关于保障城市轨道交通安全运行意见》（国办发〔2018〕13号）。该意见指出，城市轨道交通所在地城市人民政府要加大城市轨道交通财政扶持力度，统筹考虑城市轨道交通可持续安全运营需求，建立与运营安全和服务质量挂钩的财政补贴机制，科学确定财政补贴额度。保障公共安全防范所需资金并纳入公共财政体系，确保设施设备维护维修、更新改造资金到位。在保障运营安全的前提下，支持对城市轨道交通设施用地的地上、地下空间实施土地综合开发，创新节约集约用地模式，以综合开发收益支持运营和基础设施建设，确保城市轨道交通运行安全可持续。

2018年5月21日，交通运输部下发文件《城市轨道交通运营管理规定》（交通运输部令2018年第8号），并于2018年7月1日起施行。对运营基础要求、运营服务、安全支持保障、应急处置、法律责任等方面进行了详细规定。规范了城市轨道交通运营管理，对各级运营管理单位保障运营安全，提高服务质量，促进城市轨道交通行业健康发展有重要指导作用。

根据《国务院办公厅关于保障城市轨道交通安全运行意见》（国办发〔2018〕

13号)、《城市轨道交通运营管理规定》(交通运输部令2018年第8号)等有关要求和规定，交通部发布了《城市轨道交通初期运营前安全评估管理暂行办法》(交运规〔2019〕1号)，自2019年7月1日起实施。针对城市轨道交通初期运营前安全评估的前置条件、实施要求、第三方安全评估机构、运营安全专家等方面做出了明确规定，对提升城市轨道交通安全管理水平，规范城市轨道交通初期运营前安全评估工作有重要意义。

轨道交通运营单位作为安全生产经营单位，根据《中华人民共和国安全生产法》，生产经营单位必须遵守安全生产法和有关法律法规，加强安全生产管理，建立、健全安全生产责任制度，并必须执行依法制定的保障安全生产的国家标准、行业标准。

现代有轨电车作为城市轨道交通制式的一种，兼具轨道交通和地面传统公共交通的特点，因此，除受上述国家、部委制定的轨道交通行业政策约束外，还需遵循地面公共交通的法律法规，接受《中华人民共和国道路交通安全法》的相关管理与指导。为进一步规范现代有轨电车交通管理，避免现代有轨电车交通系统无法可依、无章可循，保障现代有轨电车安全高效的运营，全国多地政府在运营现代有轨电车前后制定了相应的地方性法规或管理办法。2014年7月1日，全国第一部以“有轨电车”运营为核心的市政府令《苏州市有轨电车交通管理办法》正式施行，开启了地方政府颁布现代有轨电车专项管理办法的序幕。随后南京、淮安、深圳等地分别出台了现代有轨电车专项管理办法，为现代有轨电车的安全运营保驾护航。北京、广州、成都和大连等运营现代有轨电车的城市，虽并未针对现代有轨电车制定专项的管理办法，但均将现代有轨电车纳入现有的公共交通管理办法内进行监督管理。其中广州和成都分别将现代有轨电车纳入《广州市城市轨道交通管理条例》和《成都市城市轨道交通管理条例》中进行管控，并在管理条例中专门针对现代有轨电车形成了专项条例，用于规范现代有轨电车的日常运营管理。

深圳市制定了《深圳市龙华现代有轨电车运营管理暂行办法》，其主要内容如下：

（1）总则。

总则是对运营管理办法的综述，明确了管理办法的适用范围，相关政府主管部门和运营单位的权力、责任与义务。

（2）运营服务管理。

①明确现代有轨电车运营服务规范的管理部门，指导运营单位制定乘客守则，监督检查运营单位运营服务情况。

②规定运营单位应当根据现代有轨电车运营服务规范，制定现代有轨电车运营服务标准，报上级交通运输管理部门批准，并按照批准后的标准提供现代有轨电车运营服务。

③明确运营单位在运营服务中的管理权和义务。

④明确乘坐现代有轨电车应当遵守的乘客守则和公共秩序。

⑤明确乘坐现代有轨电车严禁携带的乘车物品。

⑥明确运营单位可以对乘客及其携带的物品进行安全检查的权力。乘客应当接受、配合运营单位的安全检查；如不接受安全检查，运营单位有拒绝其乘车的权利。

⑦明确运营单位应当全面配合公安机关做好治安、反恐等安全工作，确保乘客乘车安全。

（3）运营安全管理。

①明确运营单位应当建立健全安全生产管理的相关机构、体系，建立安全管理制度和操作规程，并保证安全生产所必需的资金保证。

②明确运营单位现代有轨电车从业人员应进行的安全生产教育和相关岗位的上岗资质。

③明确现代有轨电车车辆的安全设施配置，及其应符合安全运营的有关要求和技术规范。

④明确危害现代有轨电车运营安全的各类行为。

⑤明确现代有轨电车沿线设置安全保护区的范围，并要求运营单位根据管理办法相关内容编制安全防护区的设置方案。

⑥明确运营单位在现代有轨电车安全防护区内的管理权和义务。

（4）交通安全管理。

①明确现代有轨电车应当遵守道路交通安全法律、法规、规章及本办法的有关规定，服从交通警察的指挥。

②明确现代有轨电车司机的取证方式。

③明确现代有轨电车的路面专业行驶设备设施。

④明确现代有轨电车行驶应当遵守的通行规则。

⑤明确现代有轨电车在共有路权的平面交叉口行驶的特殊规定与原则。

（5）应急和事故处置。

①明确运营单位应当按照突发事件应急预案管理有关规定制定现代有轨电车运营突发事件各专项应急预案，总体应急预案应当按照规定报相关管理部门备案。

②明确现代有轨电车发生突发事件时，运营单位的处置工作内容。

③明确现代有轨电车发生交通事故时的特殊规定和操作规范、流程。

④明确在现代有轨电车车道及设施范围内发生事故，按事故发生性质，开展事故调查与处理工作。

（6）法律责任。

①明确各相关管理部门对运营单位及个人构成责令改正的各类行为及其具体处罚。

②明确对运营单位何种情形下依照《中华人民共和国安全生产法》的有关规定进行处罚。

（7）附则。

附则主要针对管理办法内出现的相关用语的含义进行解释。

3.6 综合联调

综合联调工作是现代有轨电车工程建设过程中的一次系统归整，是在各单位工程验收合格之后、试运行前，对各系统之间接口、多系统联动及系统关键能力进行检验的联合调试过程。

3.6.1　目标与原则

1）目标

从运营角度出发，对设备、系统功能、运营人员进行检验，以验证运营管理模式、规章制度和行车组织办法的合理性、可行性，确保各系统设备在之后的运营中稳定、可靠，实现安全、优质、高效的运营服务。

2）原则

（1）计划性原则。

在开展综合联调前，应编制联调工作方案，并结合工程进度和人员到位情况拟定实施计划，最后进行总结评估和整改跟进工作。

（2）安全性原则。

应根据综合联调工作特点，做好联调期间安全管理工作，强化安全风险意识，加强源头管理和过程控制，确保综合联调安全、可控。

（3）实效检验原则。

实事求是，发现问题、解决问题。通过综合联调中客观、中立的检测记录和实验报告，为运营单位运营接管提供技术依据，对发现的问题组织整改，确保设备系统能满足运营使用要求；通过综合联调检验运营操作及维修人员的实际上岗水平，结合运营实际要求进行评估，确保满足开通初期运营工作要求。

3.6.2　组织与流程

综合联调工作应有规划和工期节点的统筹安排，原则上应在各单位工程验收合格之后、试运行前完成。

1）组织机构

综合联调技术接口管理复杂，涉及建设单位、运营单位、设计单位、监理单位、承包商等众多单位，需成立综合联调领导组织机构，对全过程进行监管、协调与推进。应成立以建设单位、运营单位、设计单位、监理单位、咨询单位及其他相关单位组成的综合联调工作机构，负责综合联调具体的组织实施、管理和协调（图3-21）。

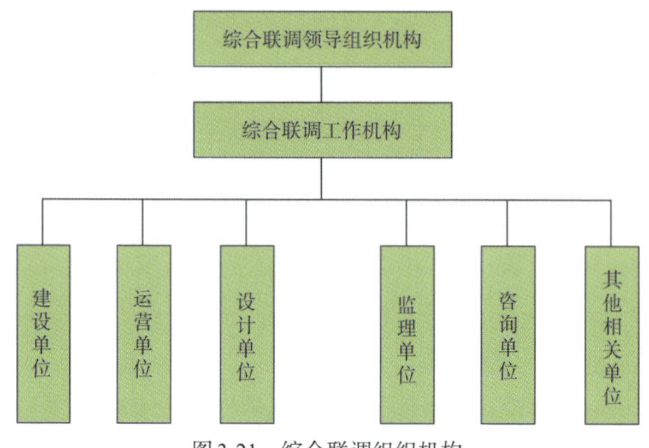

图3-21　综合联调组织机构

2）综合联调流程

各系统具备联调联试基本条件后，开始系统设备总联调。一般可分为接触网（第三轨、充电轨）冷热滑试验、车站设备或系统间（车站级）调试、列车与相关行车系统间调试及中央级系统联调4个阶段。

（1）接触网（第三轨、充电轨）冷热滑试验。

在轨道系统与供电系统完成安装、调试，列车完成调试并符合上线条件后，开始进行接触网（第三轨、充电轨）冷热滑试验。

在线路清理、通过限界检测（无障碍物侵入限界）、完成接触网（第三轨、充电轨）冷滑、电通公告之后，进行接触网（第三轨、充电轨）热滑试验，验证各系统间的配合是否满足列车开行条件，并检验供电系统、接触网（第三轨、充电轨）系统、车辆系统和轨道系统运行的稳定性。

（2）车站设备或系统间（车站级）调试。

以综合监控系统与相关系统的调试为主线，主要内容包括综合监控系统、SCADA（Supervisory Control and Data Acquisition，综合监控系统）、综合安防系统、乘客资讯系统、AFC系统等与其他各相关系统间的功能测试，实现各项设计功能。

（3）列车及相关行车系统间调试。

以车辆、信号系统联调为主，主要内容包括车辆、信号、通信、PIS等系统间的调试。在取得信号系统安全认证的前提下，完成以运营为主体的空载试运行（运营时刻表）及时刻表演练。

（4）中央级系统联调。

以中央级系统联调为主，主要内容包括综合监控系统、综合安防系统、乘客资讯系统、AFC系统、信号系统、环控系统等。验证中央级集中监控功能，实现中央级对车站级的监控。

3.6.3　方案编制

综合联调方案是指导综合联调工作的纲领性文件，一般包括总体组织方案和各子方案。为保证方案的指导性、实用性、可操作性，在编制方案前应针对线路的技术功能和运营组织模式特点进行专题研究，同时借鉴建设单位设备系统单体调试经验，以项目组为单位编制综合联调方案。其编审过程需经过项目组编制，建设单位内审，建设、运营、设计、监理等单位联合会审3个阶段。

1）总体组织方案编制要点

总体组织方案是从建设、运营、施工联合体的角度，对整个综合联调工作进行总体策划，重点阐明综合联调领导小组、各参与单位、各子方案中关键岗位人员职责及实施计划的总体安排。方案要点如下：

（1）工程概况。

工程概况包括车站及控制中心、车辆场、变电站等线路重要设备设施设置情况，工程系统设备总体配置情况，以及与计划安排有重要联系的关键工期点等内容。

（2）联调目的。

阐述综合联调工作的目的，在思想上统一参与综合联调工作各单位人员的认识，形成合力，以步调一致地将综合联调工作做好。

（3）编制依据。

阐述综合联调工作总体组织方案编制的依据，主要包括相关开通策划及工期安排、工程实际进度等。

（4）综合联调工作的前提条件。

①车辆需求。建设单位与运营单位应根据车辆供货、调试实际进度及计划情况对车辆需求形成一致意见，并在综合联调方案前提条件部分给予明确。

②各设备系统功能。建设单位与运营单位应就各设备系统实际安装调试进度及计划情况，对进入综合联调的设备系统功能状况（含设备系统各组成部分功能完成情况、完成时间等）进行沟通确认，并在综合联调方案前提条件部分清晰描述。

（5）综合联调组织及职责。

明确综合联调工作、后勤保障各级组织及主要负责人员，阐述各单位职责。

（6）综合联调工作内容。

完善综合联调工作项目清单，以及各子方案编制的总体要求。

（7）综合联调总体实施计划。

介绍综合联调的总体实施计划，主要列明综合联调工作关键控制点的时间和安排。综合联调实施细化计划在此总体实施计划指导下编制。

2）各子方案编制要点

各子方案重点阐述综合联调工作的具体内容、实施步骤和紧急情况下的处理及整改措施，其主要内容如下：

（1）目的。

与总体方案的要求相同，但侧重阐明各子方案的目的，相对总体方案更有针对性，更具体。

（2）前提条件。

详细阐述为确保各子方案顺利实施，对设备系统功能实现状况及车辆数量、功能等方面提出的要求。

（3）组织及人员安排。

阐述各子方案各岗位设置、后勤保障人员要求及各岗位人员的职责，明确各级负责人、参与人员的安排。

（4）时间安排。

明确各子方案实施的时间要求，包括方案中各组成部分实施预计耗时、建议开始时间等。

（5）工（器）具配备。

综合联调工作过程中，需对测试结果及时准确地核对，因此，应在综合联调方案中对相关工（器）具配置要求考虑周全。

（6）工作内容及步骤。

详细说明综合联调工作的内容及步骤，并设计相对应的记录表格以记录相关内容及步骤的测试结果。

（7）故障及事故处理。

主要对综合联调工作过程中可能出现的异常情况进行预想，制定相关应对措施，保障综合联调过程中发生紧急情况时，整个团队能保持目标一致、快速反应。

3.6.4　组织实施

综合联调工作的实施应按照“全面详细计划、严格实施计划、及时更新反馈、严密跟踪对比”的现代工程项目管理模式进行。应在综合联调工作组下设专门的组织机构（如策划调度组），进行计划的编制及计划的跟踪、实施、审查与更新控制。综合联调工作组负责人应直接参与计划编制，并最终对计划审核把关。编制人员应结合子方案中的前提条件、时间要求及调试内容等编制组织实施方案，并加强与各子方案编制单位进行沟通协调，弥补计划编制人员在专业知识方面的欠缺。

综合联调组织实施工作重点包括：

（1）整合资源、统筹规划，灵活合理地安排各项综合联调工作计划。

（2）根据各系统设备现状，分期、分段、分批、分级编制计划。

（3）根据实际工作拟定制度，细化工作计划执行周期。

（4）为保证影响开通初期运营的问题能在开通初期运营前及时发现并得到整

改，综合联调工作，在条件允许的前提下，应尽早开展，以争取整改调整的时间，保证新建线路高水平的开通。

（5）开通任务较重、综合联调时间较紧迫的情况下，为提高时间、空间及人力等资源的利用率，可以线路和车站两大调试区域为主线，将综合联调工作项目分为需有轨电车配合和不需有轨电车配合两大类，根据项目之间的相关性采用多项目、同一时间平行作业模式编制综合联调计划。

（6）国家相关标准规定开通线路试运行时间不少于3个月，应预留3个月试运行时间。

3.6.5　后评估与总结

综合联调工作的目的在于提早发现问题、分析问题并及时协调解决问题，因此，综合联调结束后，及时开展分析、评估、总结尤为重要。从管理角度而言，项目生命周期的每个阶段都应组织开展评估、总结工作，以明确是否达成现阶段目标、是否具备开展下阶段工作的基础。

综合联调工作结束后，由项目负责人组织有关单位，包括建设单位、设计单位、监理单位、供货商、集成商、施工单位等，对综合联调总体情况进行评估和总结。参加人员应包括综合联调工作方案编制人员、直接参与综合联调工作的维修及运作部门人员、设备系统集成商和供货商、建设单位人员、设计人员、后勤保障部门、技术决策单位人员等。主要内容包括综合联调工作的完成情况、系统设备的表现情况、综合联调工作中存在的不足和整改措施，总结技术经验、管理经验以及教训等。

3.7　新线验收

现代有轨电车工程项目新线验收可分为单位工程验收、项目工程验收、竣工验收3个阶段。单位工程验收是指在单位工程完工后，检查工程设计文件和合同约定内容的执行情况，评价单位工程是否符合有关法律法规和工程技术标准、设计文件及合同要求，对各参建单位的质量管理进行评价的验收；项目工程验收是指在各项单位工程验收之后，试运行之前，确认建设项目工程是否达到设计文件及标准要求，是否满足有轨电车试运行要求的验收；竣工验收是指在项目工程验收合格之后，初期运营之前，结合试运行效果，确认建设项目是否达到设计目标及标准要求的验收。

现代有轨电车建设工程所包含的单位工程验收合格且通过相关专项验收后，方可组织项目工程验收；项目工程验收合格后，建设单位应组织不载客试运行，试运行三个月并通过全部专项验收后，方可组织竣工验收；竣工验收合格后，现代有轨电车建设工程方可履行相关初期运营手续。

3.7.1　验收前置条件

1）单位工程验收前置条件

（1）完成工程设计和合同约定的各项内容，对不影响运营安全及使用功能的缓建项目已经相关部门同意。

（2）质量控制资料应完整。

（3）单位工程所含分部工程质量均应验收合格。

（4）有关安全和功能的检测、测试和必要的认证资料应完整；主要功能项目的检验检测结果应符合相关专业质量验收规范的规定；设备、系统安装工程需通过各专业要求的检测、测试或认证。

（5）有勘察、设计、施工、工程监理等单位签署的质量合格文件或质量评价意见。

（6）观感质量应符合验收要求。

（7）住房和城乡建设主管部门及其委托的工程质量监督机构等有关部门责令整改的问题已经整改完毕。

2）项目工程验收前置条件

（1）项目所含单位工程均已完成设计及合同约定的内容，并通过单位工程验

收。对不影响运营安全及使用功能的缓建、缓验项目已经相关部门同意。

(2) 单位工程质量验收提出的遗留问题、住房和城乡建设行政主管部门或其委托的工程质量监督机构责令整改的问题已全部整改完毕。

(3) 设备系统经联合调试符合运营整体功能要求，并已由相关单位出具认可文件。

(4) 已通过对试运行有影响的相关专项验收。

3）竣工验收前置条件

(1) 项目工程验收的遗留问题全部整改完毕。

(2) 有完整的技术档案和施工管理资料。

(3) 试运行过程中发现的问题已整改完毕，有试运行总结报告。

(4) 已通过规划部门对建设工程是否符合规划条件的核实和全部专项验收，并取得相关验收或认可文件；暂时甩项的，应经相关部门同意。

3.7.2 组织与流程

1）单位工程验收组织与流程

施工单位对单位工程质量自验合格后，总监理工程师组织专业监理工程师，依据有关法律、法规、工程建设强制性标准、设计文件及施工合同，对施工单位报送的验收资料进行审查后，组织单位工程预验。单位工程预验合格、遗留问题整改完毕后，施工单位应向建设单位提交单位工程验收报告，申请单位工程验收。验收报告须经该工程总监理工程师签署意见。

单位工程验收由建设单位组织，勘察、设计、施工、监理等各参建单位的项目负责人参加，组成验收小组。

(1) 建设单位应对验收小组主要成员资格进行核查。

(2) 建设单位应制定验收方案，验收方案的内容应包括验收小组人员组成、验收方法等。方案应明确对工程质量进行抽样检查的内容、部位等详细内容，抽样检查应具有随机性和可操作性。

（3）建设单位应当在单位工程验收7个工作日前，将验收的时间、地点及验收方案书面报送工程质量监督机构。

2）项目工程验收组织与流程

现代有轨电车项目工程验收由建设单位组织，各参建单位项目负责人以及运营单位、负责专项验收的市政府有关部门代表参加，组成验收组。

（1）建设单位应对验收组主要成员资格进行核查。

（2）建设单位应制定验收方案，验收方案的内容应包括验收组人员组成、验收方法等。

（3）建设单位应当在项目工程验收7个工作日前，将验收的时间、地点及验收方案书面报送工程质量监督机构。

3）竣工验收组织与流程

现代有轨电车工程竣工验收由建设单位组织，各参建单位项目负责人以及运营单位、负责规划条件核实和专项验收的城市政府有关部门代表参加，组成验收委员会。

（1）建设单位应对验收组主要成员资格进行核查。

（2）建设单位应制定验收方案，验收方案的内容应包括验收委员会人员组成、验收内容及方法等。

（3）验收委员会可按专业分为若干专业验收组。

（4）建设单位应当在竣工验收7个工作日前，将验收的时间、地点及验收方案书面报送工程质量监督机构。

3.7.3　验收主要工作

1）单位工程验收主要工作

（1）建设、勘察、设计、施工、监理等单位分别汇报工程合同履约情况及在工程建设各个环节执行法律、法规和工程建设强制性标准的情况。

（2）验收小组实地查验工程质量，审阅建设、勘察、设计、监理、施工单位的工程档案资料，并形成验收意见。查验及审阅应至少包括以下内容：

①检查合同和设计相关内容的执行情况。

②检查单位工程实体质量（涉及运营安全及使用功能的部位应进行抽样检测），检查工程档案资料。

③检查施工单位自检报告及施工技术资料（包括主要产品的质量保证资料及合格报告）。

④检查监理单位独立抽检资料、监理工作总结报告及质量评价资料。

单位工程质量验收时，可委托第三方质量检测机构进行工程质量抽测。对重要分部工程核查质量验收记录，进行质量抽样检查，经验收记录核查和质量抽样检查合格后，方可判定所含的分部工程质量合格。

2）项目工程验收主要工作

（1）建设单位代表向验收组汇报工程合同履约情况及在工程建设各个环节执行法律、法规和工程建设强制性标准的情况。

（2）各验收小组实地查验工程质量，复查单位工程验收遗留问题的整改情况；审阅建设、勘察、设计、监理、施工单位的工程档案和各项功能性检测、监测资料。

（3）验收组对工程勘察、设计、施工、监理、设备安装质量等方面进行评价，审查对试运行有影响的相关专项验收情况；审查系统设备联合调试情况，签署项目工程验收意见。

（4）工程质量监督机构出具验收监督意见。

3）竣工验收主要工作

（1）建设、勘察、设计、监理、施工等单位代表简要汇报工程概况、合同履约情况及在工程建设各个环节执行法律、法规和工程建设强制性标准的情况。

（2）建设单位汇报试运行情况。

（3）相关部门代表进行专项验收工作总结。

（4）验收委员会审阅工程档案资料、运行总结报告及检查项目工程验收遗留问题和试运行中发现问题的整改情况。

（5）验收委员会质询相关单位，讨论并形成验收意见。

（6）验收委员会签署工程竣工验收报告，并对遗留问题做出处理决定。

（7）工程质量监督机构出具验收监督意见。

3.8　试运行

有轨电车试运行是在冷、热滑试验成功，单位工程验收和项目工程验收完成，系统综合联调结束后，进行的不载客列车运行。通过收集各类技术数据，检验设备系统可用性、安全性和可靠性，同时对运营组织管理进行检验。

3.8.1　目标与原则

1）目标

通过组织试运行，全面检验设备可靠性，提升运营人员业务技能，磨合运营组织模式，强化应急实战演练，提升运营队伍应急处置水平。

2）原则

试运行组织应遵循以下原则：

（1）严格按照总调度室下设联合调度工作小组相关要求组织试运行，有关人员必须服从指挥。

（2）轨行区管理须严格按照运营管理标准进行管理，有关人员必须服从管理。

（3）停送电管理须严格按照运营管理标准进行管理，有关人员必须服从管理。

（4）正线、车辆场、变电所须严格按照运营管理标准进行管理，有关人员必须服从管理。

（5）列车按照运行图不载客试运行不少于3个月。

（6）试运行结束后，应形成试运行工作报告，报告内容应包括试运行基本情况、设施设备可靠性和故障率指标等。

3.8.2 组织与要求

1）组织机构

试运行由建设单位负责组织，运营单位通过签订临管协议，采用临管形式进行管理。运营单位进行总体把控，以确保试运行期间的各项工作安全有序可控。

2）试运行基本条件

（1）轨道线路完成安装、完成限界检查，满足试运行行车需求。

（2）主所和变电所投入使用，具备正常牵引和供电功能，完成冷滑、热滑工作，对影响行车的问题已完成整改。

（3）所需列车调试完毕，具备上线条件。

（4）信号系统调试完毕，具备联锁功能、防护功能。

（5）无线系统调试完毕，具备调度台、列车、场段及手持台通信功能。

（6）停车场及车辆段，具备列车停放、静调、动调和接发车条件。

（7）车站、控制中心（Operated Control Center，OCC）及其他涉及区域，消防设备投入使用，功能正常。

（8）行车、施工、客运及应急等规章制度完备。

（9）各岗位经过系统培训，熟悉工作内容及流程，持证上岗。

（10）各生产部门组织生产岗位按需求进行倒班运作等。

3）试运行要求

（1）现代有轨电车项目工程验收完成后，建设单位向运营单位提供技术档案和相关资料，并会同运营单位组织开展新线试运行。

（2）试运行应比照初期运营各项条件和运营服务水平，按照初期运营期间的行车指挥、调度指挥、客运组织、票务组织、车场组织、设备维护与管理等方面的各项工作要求进行组织。

（3）运营单位开展试运行前，应编制试运行组织方案，并结合工程进度和人员到位情况拟定实施计划，最后进行总结评估和整改跟进工作。

（4）由于试运行过程是一个系统逐渐趋于完善的过程，针对这一特性，应定期组织开展专题例会，梳理试运行过程中存在的问题和不足，对需要协调解决的问题，及时提报协调机构解决。

（5）试运行是一个动态的验收过程，应持续对试运行全过程进行科学分析和客观评价，重点从试运行的“人、机、法、环”方面进行总结、评价，对发现的不足、问题及取得的成效生成书面评估报告，对存在问题与不足进行整改跟进和存档。

3.8.3　重点工作

（1）对运营管理架构和运营组织方案进行优化研究，对指标考核体系和生产管理流程等方面进行评估和优化研究，不断总结提高和完善。

（2）认真落实行车、客运、票务、施工及维修组织方案，强化运营安全管理等内容，确保初期运营组织工作安全、有序、可靠。

（3）全面开展设备功能普查，并对存在问题进行整治。开展查线核图工作，维修人员掌握设备状态；对设备稳定性和可靠性进行检验；对工程遗留问题进行整改。

（4）总结和完善运营组织管理工作。建立运营分析制度，对安全、服务和行车指标，设备和员工的表现进行分析，总结经验和做法，提高运营管理水平。

（5）试运行阶段，运营关键岗位人员全部配备到位，运营单位通过各种运营状态进行演习和故障演练，验证规章制度和人员的技能水平。

（6）运营单位在明确初期运营基本条件和运营服务水平的情况下，模拟开展新线初期运营后行车指挥、客运组织、票务组织、车场组织、施工组织、设备维护与管理等方面的工作。

3.8.4　后评估与总结

试运行结束后，应总结试运行基本情况、设施设备可靠性和故障率指标等形成试运行后评估总结报告。

3.9 综合演练

综合演练是利用综合联调与试运行组织的天窗时间，从运营角度，对设备、系统功能、运营人员进行全面检验的综合演练工作，以验证运营管理模式、各项规章制度以及应急体系的有效性、完备性。

3.9.1 目标与原则

1）目标

通过综合演练，促进运营人员对各设备系统操作的熟悉度，增强各岗位间配合与协调能力，切实提高运营单位对突发事件的应急处置能力，从而达到降低突发事件、设备故障等对运营可能造成的影响，提高运营服务水平。

2）原则

综合演练工作应遵循“以人为本、安全第一、以练促学”的总体原则，应根据演练项目和新线开通时间倒排实施计划。

3.9.2 组织与要求

1）组织机构

综合演练工作由建设单位组织实施，运营单位具体执行，为保障演练工作顺利实施，应联合组建综合演练协调机构，负责综合演练的组织实施、管理与协调工作。

2）综合演练要求

（1）运营单位开展综合演练前，应确保所有参演人员在上岗前通过岗位技能鉴定，取得岗位上岗资质，还应组织具体人员集中学习，开展针对性培训，确保参演运营人员熟悉岗位职责和演练步骤。

（2）运营单位开展综合演练前，应编制完成演练工作方案，并结合工程进度和人员到位情况拟定实施计划。

（3）综合演练启动后，应定期开展进度例会，梳理过程中存在的问题和不足，对需要协调解决的问题，及时提报协调机构解决，同时针对工程实际进度，对演练科目进行动态调整。

（4）对演练全过程应持续进行科学分析和客观评价，重点对演练的组织实施、目标实现、参演人员表现、演练存在问题等进行总结、评价，对发现的不足、问题及取得的成效生成书面评估报告，对存在的问题与不足进行整改跟进和存档。

3.9.3　方案编制

综合演练方案要突出组织过程的科学规划。综合演练方案一般包括总体组织方案和各子方案。在编制演练方案前，应针对线路的技术功能和运营组织模式特点进行相关专题研究，以项目组为单位编制综合演练方案。

1）总体组织方案编制要点

总体组织方案应对综合演练工作进行总体策划，重点阐明综合演练协调机构、各参与单位、各子方案中关键岗位人员职责及实施计划的总体安排和分工。方案要点一般包括如下内容：

（1）工程概况。主要包括车站及控制中心、车辆场、变电所等线路重要设备设施情况等，系统设备总体情况，试运行时间等与计划安排有重要联系的关键工期点内容。

（2）目的。检验运营单位应急备战能力和预案的可行性、可靠性，在思想上统一认识，增强运营单位与外部接口的应急联动机制，形成合力，步调一致地将综合演练工作做好。

（3）编制依据。阐述综合演练组织方案编制的依据，主要包括相关开通策划及工期安排、工程实际进度等。

（4）综合演练的前提条件。阐述综合演练组织方案对运营人员资质、设备系统功能实现状况及车辆数量、功能等方面提出的总体要求。

（5）综合演练组织及职责。明确综合演练、后勤保障各级组织及主要负责人员，阐述各单位的职责。

（6）综合演练内容。介绍综合演练项目清单及各子方案编制的总体要求。

（7）综合演练总体实施计划。介绍综合演练的总体实施计划，主要列明综合演练工作关键控制点的时间和安排，为综合演练实施细化计划的编制提供指导。

2）各子方案编制要点

子方案侧重阐述综合演练的具体内容、实施步骤和紧急情况下的处理措施及整改措施，其主要内容涵盖：

（1）目的。与总体方案要求相同，但侧重阐明各子方案的目的，相对总体方案更有针对性，更具体。

（2）前提条件。为确保各子方案顺利实施，对运营人员资质、设备系统功能实现状况及车辆数量、功能等方面提出的要求。

（3）组织及人员安排。阐述各子方案各岗位设置、后勤保障人员要求、评估组及各岗位人员的职责，明确各级负责人、参与人员安排。

（4）时间安排。明确各子方案实施的时间要求，包括方案中各组成部分实施预计耗时、建议开始时间等。

（5）综合演练工（器）具配备。综合演练过程中联动机制尤其重要，因此，通信工具的准备和配置至关重要，直接影响整个演练的正常实施。应充分考虑相关工（器）具对综合演练方案的辅助作用。

（6）综合演练内容及步骤。详细说明综合演练内容及步骤，并设计相对应的记录表格以记录相关内容及步骤的演练结果。

（7）故障及事故处理。针对综合演练过程中可能出现的异常情况进行预想，制定相关应对措施，保障综合演练工作的平稳、顺利开展。

3.9.4 实施

综合演练的实施是整个综合演练工作中至关重要的一环。按照现代工程项目管理模式，其主要由综合演练实施计划编制、执行及管控三部分组成，其中实施计划是核心。运营单位应在综合演练工作组下，设专门的组织机构，对演练实施计划的编制及演练计划的进行跟踪、实施、审查与更新控制。综合演练工作组负责人应直接参与计划编制，并对计划审核把关。计划编制人员在编制过程中，应结合子方案中的前提条件、时间要求及演练内容等进行编制，并随时与子方案编制单位进行沟通协调，以弥补计划编制人员在专业知识方面的欠缺。

综合演练实施计划的编制过程是对项目的一次模拟演练，详细的计划能够最大限度地调动企业内部资源，同时清晰界定各部门、各专业的演练职责，提高应急联动效率和协调配合能力。

综合演练实施计划在编制过程中应遵循如下原则：

（1）整合资源、统筹规划、灵活合理地安排各项综合演练计划。

（2）依据建设单位确定的各系统设备现状功能条件，按分期、分段、分批、分级形式编制计划。

（3）根据实际工作拟定制度，细化工作计划执行周期。

（4）遵从先综合联调后演练的总体原则。

（5）为保证突发应急事件的影响能在运营单位的可控范围内，综合演练工作宜尽早开展，有利于及时验证应急处置方案的可靠性、操作性，以争取整改调整的时间，为新建线路高水平开通保驾护航。

3.9.5　后评估与总结

综合演练结束后应进行总结、分析、评估及问题的整改跟踪。综合演练总结所需的信息来自参与演练各方，其中包括综合演练方案编制单位、直接参与综合演练的运营单位、设备系统集成商和供货商、建设单位、后勤保障部门等。应对综合演练工作的各个环节，包括建设工期策划中综合演练时间的安排，建设单位与运营单位根据实际工程进度结合综合演练实际需要对时间的调整，方案的编制、审定、修订，实施计划的编制及根据实际执行情况的调整等，都进行总结和评估。评估和总结的主要内容应包括综合演练工作的完成情况、运营人员、系统设备的表现情况、存在的不足和整改措施，总结过程管控及演练经验教训。

第4章　典型城市运营筹备实践

4.1　深圳龙华现代有轨电车示范线

4.1.1　工程概况

深圳龙华现代有轨电车示范线是深圳市首条现代有轨电车线路，也是国内首条于一线城市建成区建设的现代有轨电车线路。线路采用BOT投融资模式，由深圳市地铁集团有限公司（以下简称深圳地铁）与中国中铁股份有限公司组成的联合体负责投融资、建设并特许经营20年。线路于2015年开工建设，2017年竣工并开通运营，工期24个月。

线路总长11.724km，设站20座，线路图如图4-1所示，线路实景如图4-2所示。主线为清湖站至新澜站南北走向线路，长8.59km，设站15座。线路串联了龙华区北部老城区，在清湖站、观澜站与深圳地铁4号线接驳，以有效缓解北部老城区交通拥堵，并服务观澜科技文化中心等区域，引导新城发展。支线由大和站至下围站，东西走向，长约3.134km，设站5座，是联系龙华商贸区与龙华高新产业区的主要通道，对促进片区土地综合利用，新兴产业发展起积极推动作用。

线路采用混合路权运行模式，全线共有25个平交道口，平交道口与社会交通共享路权。全线20个车站有错位侧式站台、岛式站台、分离岛式站台3种站台形式，平均站间距为550m，线路最大坡度为42.34‰。车辆为100%低地板车辆，采用超级电容储能式供电，车辆集“绿色、智能、环保”等特点于一身。

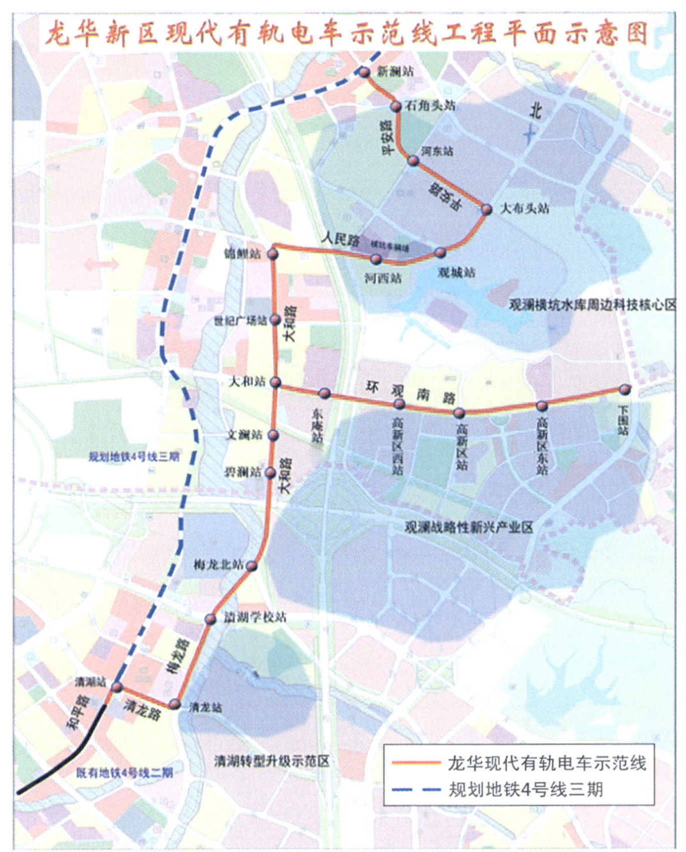

图 4-1　龙华现代有轨电车线路图

图 4-2　龙华现代有轨电车示范线实景

4.1.2 思路与工作要点

1）筹备思路

龙华现代有轨电车示范线运营筹备工作紧密围绕“人（运营组织架构设计、定岗定编及薪酬体系设计、人才引进、培训、考核与调配等）、财（运营筹备资金需求预算、成本控制等）、机（设备设施采、装、验、接、用、管、修等体系、方案）、料［工（器）具、备品、备件、物料的配置、采购、仓储、使用等］、法（运作模式、管理体系，行政、技术管理的规章、制定、操作手册及应急预案编制等）、环（运营管理外部接口、舆情和社会形象等）”六大方面开展，结合工期进度，统筹策划。在统一组织和运作命令的规则下，各司其职，协同合作，实现在运营筹备组织内部资讯、资源的高度共享，有效保障筹备任务按既定计划要求推进，确保筹备工作全方位、高质量、高标准完成。

2）工作要点

（1）组织架构搭建。

组织架构的搭建是运营筹备的第一要务，是顺利开展后续筹备工作的基础，人才引进是第一要素。考虑到当前轨道交通行业人才竞争激烈，有经验、有能力的专业技术人才供不应求，因此，及早引进技术及管理骨干，通过内部调配、社会招聘、校园招聘，分阶段引进管理、生产岗位人员，以满足后续运营工作对人员数量、质量以及时间的要求。运营筹备期组织架构及人员设置分两个阶段逐步实施。

第一阶段：工程建设期，按照“人员精简、职能综合”的原则考虑架构，设置综合后勤小组、安全技术小组、行车客运小组、设备设施小组4个筹备工作小组，骨干到位。

第二阶段：运营接管后，按照“架构完整，人员齐备”的原则考虑架构，深圳市现代有轨电车有限公司（以下简称公司）设置综合计划部、安全技术部、客运部、维保部、工程部5个部门（图4-3）；各岗位人员逐步配置到岗到位。

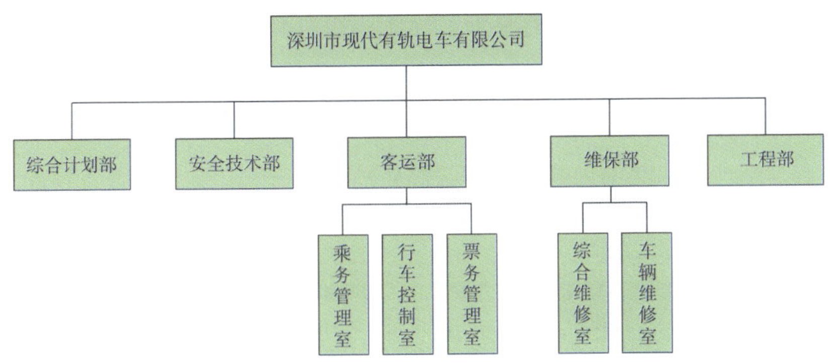

图4-3　深圳市现代有轨电车有限公司组织架构图

（2）工程建设介入。

运营单位承受的安全风险主要来自工程遗留及功能缺陷，因此，运营提前介入工程建设至关重要。龙华现代有轨电车示范线工程采用建设运营一体化管理模式，为运营深度介入工程建设提供了必要的制度保障。以技术管理骨干为先导，积极参与设计联络，积极介入工程建设和设备采购、监造、安装等环节，积极深入现场掌握设备和工程情况，在三权移交前负责组织工程预验收。通过提前介入工程建设，既起到了工程建设查漏补缺和消除隐患的作用，也为运营锻炼了队伍、沉淀了技术。

（3）规章制度体系建设。

以满足运营生产、经营需要为目标，按行政职能、安全技术、生产管理、应急处置类别，以公司、部、室（车间）层级设计规章制度体系。

从龙华现代有轨电车示范线实际情况出发，在充分借鉴已有有轨电车运营成功经验和教训的基础上，依托技术、管理骨干分步分批编制和实施，在生产岗位员工内部培训启动前，完成主要规则、办法、手册、预案、工艺卡的编制、评审和发布。在进驻车场前建立起一套较为完备、严谨、可操作、易维护的规章制度体系。部分规章制度如图4-4所示。

（4）员工培训。

要实现安全、平稳开通初期运营，有效落实员工培训是基础。设备新、技术新、人员新是轨道交通运营单位需面对的问题。龙华现代有轨电车示范线工程建设工期短，运营准备时间紧、任务重，在主要岗位员工到位后，公司利用有限的时间，采用“送出去、请进来”的培训模式，通过理论、实操、演练、“比武”等多种形式进行员工培训（图4-5）。同时组建了师资队伍，积极开发教材、业务题库，建立培训考核、激励、带教机制，促使员工快速、扎实掌握业务技能，尽快达到持证上岗需求，从而打造了一支日常坐得住、异常扛得住的运营队伍。

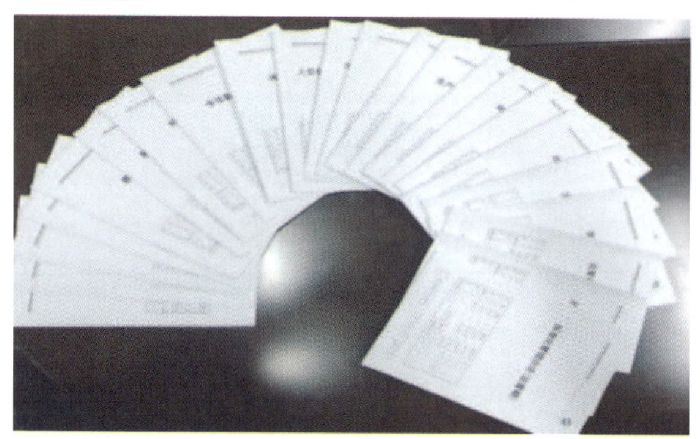

图4-4　部分规章制度

图4-5　员工培训

（5）供应体系建设。

“兵马未动，粮草先行”。在龙华现代有轨电车示范线筹备初期，便建立完善了运营物资计划、采购、仓储管理制度，同时制定了工（器）具、劳保用品等配置标准，保证运营进驻车辆场前完成生产、办公家（器）具的配置工作，并于运营接管前，将生产需要的主要工（器）具、备品备件等生产物资配置到位。

（6）健全运作机制。

筹备初期百事待举，龙华现代有轨电车示范线，坚持以计划管理为抓手，结合工期计划，倒排运营各阶段工作，设定阶段目标，配套建立督办、例会、协调决策、绩效考核、成本控制等系列机制，推动人、财、机、料、法、环，各环节的筹备工作按期、保质、保量落实；在运营人员陆续到位后，及时导入6S［整理（SEIRI）、整顿（SEITON）、清扫（SEISO）、清洁（SEIKETSU）、素养（SHITSUKE）、安全（SAFETY）］、节能、经济分析、对标、信息化等管理手段，规范秩序和运作、塑造品牌形象、提升效能、形成企业文化。

（7）生产模式优化。

龙华现代有轨电车示范线针对地面轨道交通容易受外部因素影响的特点，对运营管理模式及应急救援体系进行了专题研究，在岗位编制、硬件设备、信息化管理等方面增加相应配置，按照核心技术、安全应急、成本效益三原则，策划和优化运营管理和设备维护模式。

（8）积极推动政策法规建设。

龙华现代有轨电车示范线为深圳首条有轨电车线路，属地面非独立路权的轨道交通，有关政策和法规基本空白，为规范有轨电车运营服务和安全生产，保障交通安全，维护市民合法权益，明确政府相关部门的职责，提前研究了潜在风险，提出相关需求，积极推动政策制定和立法工作。在政府相关部门大力支持下，出台了《深圳市龙华现代有轨电车运营管理暂行办法》，对运营服务、运营安全、交通安全、应急和事故处理和法律责任、各部门职责等进行了指导，规范了有轨电车运营和管理工作。

（9）开通方案策划。

龙华现代有轨电车示范线工程提前研究制定了《开通初期运营策划方案》，对筹备目标、条件、责任进行明确和落实，重点筹划了工程验收、人员进驻、综合联调、试运行、综合演练、初期运营前安全评估、三权移交、开通日组织等工作，使开通工作按计划周密、稳妥推进。

（10）外部接口协调。

有轨电车运营涉及诸多外部接口部门和工作内容，各个部门、各个接口工作内容均需及时协调、落实。接口部门包括市区发改部门、公安交警部门、城管部门、交通部门、消防部门、街道办等，接口工作内容包括路口信号规划、路面交通协调、城市绿化、商业广告、票价政策、安保区管理、路面管养协议、供电协议、给排水协议、银行服务、押运服务、保安、保洁、运营执法等。既有政府主导企业配合的工作，也有企业主导政府支持的工作，所有这些都应广泛调研、深入分析、及早谋划，确保在开通前得以解决，为顺利开通初期运营创造有利的外部环境。

4.1.3　经验与创新

1）经验

（1）精简组织架构。

新线开通筹备时期需要成立统筹管理的单位，专门负责新线运营筹备组织工作。龙华现代有轨电车示范线工程项目立项后，本着运营筹备工作节约资源、高效运转的初衷，采用项目运作的方式，组建了独立、精干的运营筹备组。指定专人跟进各项任务，负责协调和推进各项工作按计划完成，各专业人员各司其职、相互协作，避免了因组织机构臃肿可能带来的职责不清、效率低下等问题，从本质上实现了信息、资源的高度共享，筹备运作的简练、高效，同时节省了人力资源开支。实践证明，精干的运营筹备组的建立有利于运营筹备工作的统筹协调，使得各项工作目标清晰、内容明确、指挥决策灵活有效。

（2）树立“抢先”的运营筹备理念。

考虑到龙华有轨电车示范线是深圳首条有轨电车线路，为避免筹备工作中因经验缺乏可能出现的失误，保证各项筹备工作高质量、高标准完成，在运营筹备工作上重点突出了“抢先”二字。

①抢先启动筹备工作。

考虑到龙华现代有轨电车示范线建设工期短、运营筹备时间紧任务重，在项目立项不久（2016年初）就抢先成立了运营筹备组，正式启动了运营筹备工作。

抢先启动运营筹备工作的意义在于，运营人员能尽早介入工程建设，参与设备设施的采购、招标、谈判和设计联络、安装、调试等重点工作。同时，运营人员能灵活机动地参与各专业的系统培训，取得必要的资格资质，以时间换取整个工程建设的空间。

②抢先介入工程建设。

有轨电车工程建设阶段是运营人员了解工程建设、熟悉现场和跟进设备采购、安装、调试的最佳时机，也是掌握施工工艺、技术运用、设备设施安装的最佳阶段。因此，抢先介入工程建设，能在筹备过程中从运营管理方面及时发现问题与不足，起到对运营接管后工程质量与技术超前把控的作用。

龙华现代有轨电车示范线工程建设阶段，各专业人员分批跟进新线土建、设备安装与调试，尤其是车辆设计联络等重点工作。运营筹备人员从运营管理角度出发，提出了大量实际、有效的意见和建议，在提前熟悉了解设施设备的同时，也锻炼了运营团队，达到了实战练兵的预期效果。

③抢先布局运营人员。

充足的专业人才储备是保障有轨电车顺利开通的根本，可持续的人才培养机制是稳定后续运营的基础。龙华现代有轨电车示范线一直专注于专业人才的储备和培养，在运营筹备起始阶段，依托深圳地铁强有力的资源支持，调配了大量拥有技术经验、管理经验的优秀员工作为运营管理的骨干，同时在各专业领域也安排了专业人员专人专项开展筹备工作。其中仅乘务专业，2016年便接收了深圳地铁于2015年派驻埃塞俄比亚进行国际运营项目的近50名司机，他们不仅专业扎实、理论过硬，还有着丰富经验，成为项目前期的开拓者和运营长期发展的基石。有轨电车司机模拟驾驶培训如图4-6所示。

④抢先制定政策法规。

有轨电车的运行除须按照城市轨道交通行业标准规范外，还需遵循道路交通法律法规，接受《中华人民共和国道路交通安全法》的管理与指导，因此，及时制定出台适合有轨电车运营的管理办法尤为重要。为此，公司抢先研究制定了《深圳市龙华现代有轨电车运营管理暂行办法》，于2017年8月7日经深圳市人民政府六届八十七次常务会议审议通过，并于2017年8月20日发布，2017年9月20日起实施，为龙华现代有轨电车示范线的顺利运营提供了有力的政策保障。

图4-6　有轨电车司机模拟驾驶培训

关于有轨电车司机资格，有别于地铁等城市轨道交通内部取证上岗的机制，还应满足公安部《机动车驾驶证申领和使用规定》的相关要求，有轨电车司机还需考取P证。乘务人员到岗位后，于2016年11月开启了乘务人员集中学习考取P证的培训工作，为2017年3月全面动车调试工作奠定了良好的基础和政策支持。

⑤抢先规划交通安全措施和辅助设施。

龙华现代有轨电车示范线正线共涉及25个平面交叉路口，在路口与社会车辆、行人共享路权。鉴于有轨电车沿固定轨道运行、灵活性不足，行驶速度快、惯性大，以及行经路段为交通繁忙路段等特点，在遵循道路交通安全法律、法规的前提下，于2017年3月起先行针对有轨电车的道路交通安全做了如下细化规定：

a.在交通硬件设施方面加强有轨电车交通安全管理，对示范线专用车道设置专用车道标志、禁入标识、禁停标识、禁止掉头标识、标线和缘石，平面交叉路口设置专用信号灯、停车线、网格线及有轨电车车道线等安全辅助设施（图4-7）。

b.示范线全线25个平面交叉路口均安排志愿者、交通协管人员进行交通引导，为有轨电车运营安全保驾护航。

c.明确有轨电车在平面交叉路口的通行规则，并对行驶速度作出严格限制，通过交叉路口时，最高车速不超过30km/h。

图4-7　正线混行区域轨行区交通安全辅助设施

（3）建立健全运营管理规章制度。

要想规范运营筹备工作，提高工作效率，使筹备工作平稳有序进行，应狠抓制度建设，高度重视建章立制工作。

在运营筹备期，以管理、专业技术骨干为主，辅助相关专家建议、审核的方式，同时依托筹备人员抢先介入工程建设，及时准确地掌握各类系统设备设施功能特性的优势，组织开展了运营管理规章制度的编制。龙华现代有轨电车示范线真正做到了“自力更生，从无到有，从有到全”的制度建设。

编制过程中，采取统筹策划、逐步建立的策略，按照“写我所做，做我所写，检查所做，纠正做错”的原则，从实际出发，确保规章制度的先行性、准确性、可操作性和实用性。尤其是与动车、调试、运营安全等密切相关的技术文本、安全规章，在实际调试和演练过程中不断总结、修订，建立了完善的标准化制度体系。

（4）开展票价研究工作，科学合理确定票价。

龙华现代有轨电车示范线作为全国首个BOT模式项目，社会各界高度重视票价政策。有轨电车作为民生保障工程，票价的制定既需要政府指导，也需要市场支持。项目立项后，建设单位便委托第三方机构进行了票价研究，深入分析同行业票价水平。并根据深圳地铁运营经验，龙华现代有轨电车示范线票价制定重点

考虑了稳定和吸引客流的中长期策略，重在进行客流的长期培育，这样，更有利于未来有轨电车网络化运营的收益。票价的制定做到了社会、政府及运营单位三方利益的平衡。

2）创新

在人力资源方面，龙华现代有轨电车示范线运营筹备工作做了如下创新实践：

（1）一岗多能。

龙华现代有轨电车示范线，秉承市场化经营理念，坚持“精简高效”“一岗多能”的创新性人力资源配置原则，明确专业职责、强化岗位能力匹配及信息化管控力度，制定组织和人员架构，使得进行人力资源的内部调配和运用更加简单和有效，在提高生产效率的同时，极大降低了人力资源成本，并充分调动了员工的学习热情和钻研技术的积极性。

（2）AB角工作制度。

龙华现代有轨电车示范线筹备工作中创新持续推行AB角工作制度。AB角工作制度的实施，既有效避免了筹备过程中可能发生的工作缺位和空岗现象，又有效提高了业务办理能力和效率，同时也充分锻炼了员工，有助于培养业务“多面手”，有利于筹备工作的平稳有序推进。

4.2　成都有轨电车蓉2号线

4.2.1　工程概况

成都有轨电车蓉2号线（以下简称蓉2号线）为主线、支线Y形布局（图4-8），全长39.3km。主线段起于成都西站，终于郫县西站，长度27.4km；支线段起于新业路，终于仁和站，长度11.9km。全线29座牵引降压变电所，设郫温定修段、红光停车场及西客站停车场，控制中心位于郫温定修段。工程分首开段和非首开段两部分分别开通，共开通车站35个，远期预留车站12个。首开段线路长13.7km，12座车站，于2018年12月26日开通；非首开段线路长25.6km，23座车站，于2019年

12月27日开通。

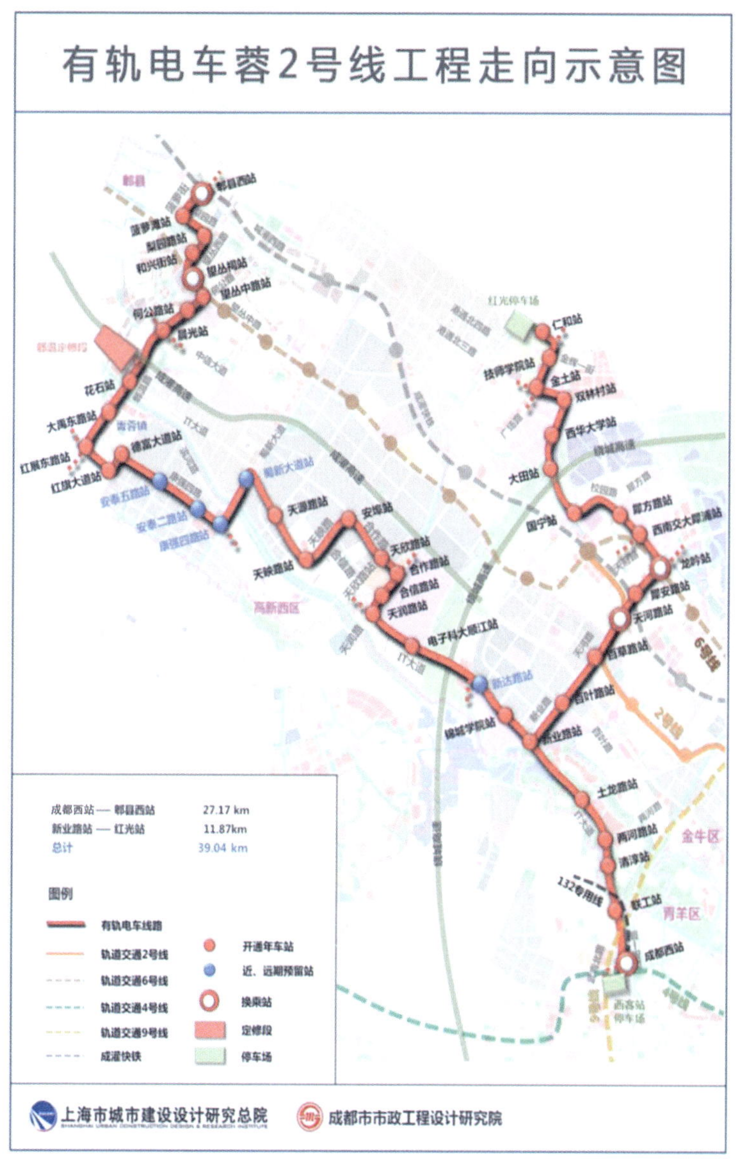

a）线路图

图　4-8

b）实景

图4-8　成都有轨电车蓉2号线

线路平均站间距为870m，线路最大坡度为59‰。全线47个车站（含预留）有分离侧式站台、对称侧式站台、岛式站台3种站台形式。全线配车36列，车辆采用“两动一拖两悬浮”5模块100%低地板车型，供电采用“接触网+车载储能”方式，额定电压DC 750V。采用混合路权运行模式，共有110个平交道口与社会交通共享路权。

蓉2号线途经成都市青羊区、金牛区、高新西区和郫都区，与地铁2号线、4号线、6号线、9号线及市域铁路成灌线相交并实现站外换乘，承担郫都区、高新西区与中心城区的公共交通功能，串联起沿线电子科技大学、西南交通大学、西华大学、技师学院等大中专院校，以及华为成都研发中心、菁蓉镇、高新综合保税区（富士康）、望丛祠等产业和旅游片区。

4.2.2　思路与工作要点

1）筹备思路

成都轨道交通集团成立有集团综合联调指挥部，运营公司设立多线路保开通领导工作组，形成了线网-线路两级线路开通运营筹备机制，分层逐级协同推进筹备工作。蓉2号线作为成都城市轨道交通线网的一部分，运营筹备全过程纳入集团运营筹备体系管控。成都现代有轨电车公司坚持“运营前置”，贯彻成都地铁“秉持真诚、服务大众、以客为尊、用心服务”的理念，围绕“高标准开通、高水平运营、高效能管理”的筹备目标，针对有轨电车路面行驶混合路权的特点以及分期开通的实际情况，以确保线路驾驶安全为重点开展运营筹备工作。其主要思路如下：

（1）运营组织以“生产组织研究-规章编制-应急演练”为主线，研究国内外现代有轨电车运营特点及蓉2号线的实际情况，基于实现与地铁、地面公交高效衔接和融合发展的城市轨道交通体系为目标，建立本线的运营管理体系。

（2）团队建设以“精简组织架构-人员核心技能提升”为主线，以司机和调度行车关键岗位为重点，开展核心技能提升工作，实现管理人员、专业技术人员配置标准的高效精简。

（3）设备维保体系建设，前期以车辆、通信、信号、供电等关键系统的“单系统调试-全功能测试-联调联试”为主线，完成对系统设计和功能的全面验证；后期以建立健全设备临管及全委外维保管理制度、机制和流程体系为主。

（4）分段开通以“首开段运营筹备-非首开段筹备接入-全线段安全运营”为主线。首开段注重磨合运营管理流程，锻炼运营管理队伍，提升员工业务技能，为全线开通及安全运营打下良好基础。非首开段注重设备系统融合顺畅、行车服务水平全面提升、线网安全运营对标对表。

（5）建立健全政企联动机制，形成以“政府监管-企业主办-社会力量参与”为主线的多方联动机制。针对有轨电车路面行驶输入性风险高的特点，强化与交管、市政、社会单位共建共享的运营联络机制，提升综合响应能力；建成涵盖沿线起吊、清运有效社会力量的快速救援体系，保障突发事件情况下得到快速支援，确保“先通后复”理念落到实处。

2）工作要点

（1）组织架构及人员。

本着“精简高效”原则，成都有轨电车公司设置安全和运营管理部、综合部两个职能部门，设置运营车间、检修车间两个生产部门（图4-9），负责蓉2号线运营和生产管理。采用“关键岗位自组建，设备维保全委外”模式开展人员筹备。管理人员、技术人员、调度、司机等关键岗位采用自主招聘，具体人员编制及到位计划根据开通方案和上线列车数进行及时调整。设备维保、保安保洁、后勤服务及绿化养护等通过市场化竞争委托第三方管理。

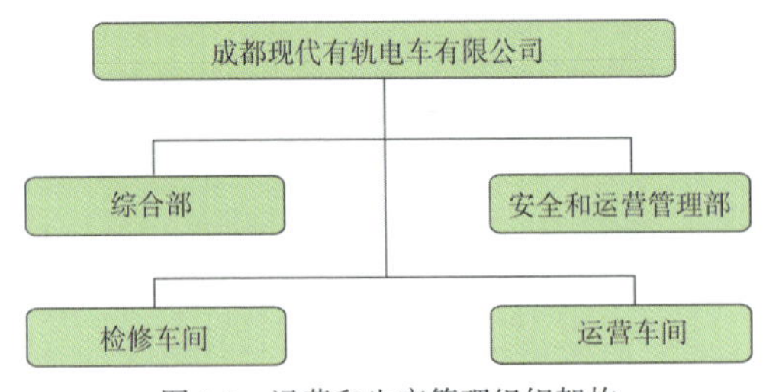

图4-9　运营和生产管理组织架构

（2）规章制度。

针对现代有轨电车线路、客流特点，以及与地铁、地面公交高效衔接和融合发展的运营模式，规章体系分为业务管理类和综合管理类两类，先期完成《制度建设管理制度》编制，作为规章体系的母法，有效指导其他规章体系编制工作。

按照“界面清晰、分层分级、互为支撑”原则，业务管理制度分为安全管理、行车组织、客运服务、设备维护、应急处置、操作办法六大类。结合国家法律法规、省市条例和规定、行业规范和标准，以及成都轨道交通集团和运营公司企业标准和规章，从蓉2号线运营生产需要出发，按计划进行了106项（图4-10）规章编制，形成了运营管理规章体系，并结合空载试运行、初期运营等过程及时予以修订和完善。

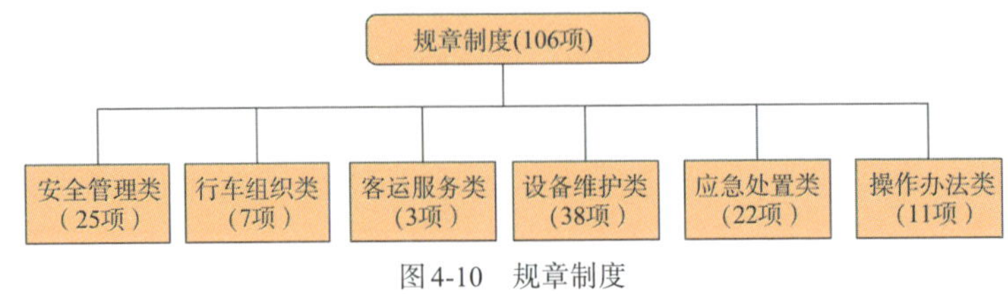

图4-10　规章制度

（3）联调联试和空载试运行。

根据交通运输部《城市轨道交通初期运营前安全评估管理暂行办法》（交运规

〔2019〕1号），结合首开段先期开通和非首开段全线贯通运营的实际情况，分别完成首开段和非首开段的各系统联调联试和90d空载试运行。联调联试指挥控制中心场景如图4-11所示。线路分两期开通，非首开段筹备不能中断首开段运营，给联调联试带来困难。因此，联调联试前应圆满完成单系统调试、接口调试、全功能测试等前置工作；联调联试检验中应充分确认各系统达到设计标准以及合同规定的各项性能指标，检验运营操作及维修人员的实际操作能力满足日常维保和应急响应要求，以及各类规章制度的完整性和可操作性满足开通初期运营需求。此外，对发现问题还应本着“问题导向、结果导向”及时进行查漏补缺。

图4-11　联调联试指挥中心场景

（4）安全管理。

以安全管理类25部规章为核心，围绕“基础管理、监督检查、评估考核、安全保障、应急救援、事故调查处理”的安全管理框架和标准化作业流程建设，构建了有轨电车公司“横向到边、纵向到底”的安全生产责任体系，并通过逐级签订安全生产责任状形式予以明确和落实各部门的运营安全目标、指标，明确了各级管理、一线员工的岗位安全生产责任。按照蓉2号线总体筹备方案，细致、深入地开展了安全培训、关键岗位人员背景审查、风险及隐患管控机制建设、组织安评职评、开展应急演练、应急物资及劳动防护用品采购、安保地保巡查机制建设、政企应急联动机制建设等筹备工作。

（5）行车客运。

①开展客流预测。蓉2号线在开通前6个月启动客流预测项目招标，并在空载试运行前完成最终客流预测报告，结合客流预测情况同期开展应对措施研究，为客运组织方案编制奠定良好基础。

②开展客运组织方案编制。根据初期试运营前安全评估时间倒排的工期和人员到岗情况，首开段空载前完成了客运组织方案的编制，非首开段空载前进行了优化和完善。客运组织方案涵盖客运能力分析、客运人员准备、客运服务设施、导向标识、交安设施（图4-12）、票务组织等内容。

图4-12　客运服务设施、导向标识、交安设施

③开展票务筹备。结合票务系统功能及性能，在运营筹备之初确定了“安全、精简、高效”票务运用原则，在此原则上与商业银行签订定了现金管理协议和内部现金下车、清点、打包流程。在首开段开通前6个月启动票务筹备及票务培训演练工作，确保首开段初期试运营顺利开通。

④完善行车客运组织方案。根据客流预测报告客流数据，制定了空载试运行及初期运营行车组织方案，包括开行交路、运营时间、行车间隔；制定了列车配

属方案，包括配属列车、备用列车、行车参数等方案，通过空载试运行进行验证。

（6）设备维保。

①参与系统设备测试和督促消缺整改。严格贯彻“运营前置”的理念，运用维护人员全面介入单系统调试、接口调试、全功能测试等工程环节，积极发现问题，建立专项问题库，并形成了严格的销项审查机制，确保初期试运营安全评估前完成影响安全的缺陷全部整改完毕。

②推进维保队伍建设。运营筹备之初就全面调研国内有轨电车线路维保模式，本着“精简、高效、低成本”原则明确了全委外的维保模式。空载试运营前完成了全员到岗并通过上岗资格考核。

③开展修程修制编写。按照“安全、实用、高效”原则，组织专业技术人员，结合地铁维护经验及蓉2号线设备设施特点，完成各专业系统修程修制的编写和专家评审，组织维保队伍开展培训和试修，并在空载前具备运用条件。

（7）后勤管理。

“兵马未动，粮草先行。”为确保运营筹备及生产正常开展，需全面做好食堂投用准备、办公环境打造、物资及物业保障、待乘条件落实等工作。在场段入驻前完成水、电、气协议及食堂经营和原料采购合同的签订。提前落实司机公寓物资和水电条件，确保司机公寓在动车调试阶段初步具备入住条件。结合人员到岗和调试需要，在场段入驻前落实办公条件，确保网络接入、办公物资等到位。在场段和轨行区接管前完成项目招标及进场，包括场段及正线深度保洁及日常保洁服务、办公、生活区域工程维修服务、绿化养护服务等工作，相应区域接管后及时开展服务工作，确保员工工作环境安全、方便、舒心。

（8）初期试运营前安全评估。

根据倒排工期，开通前两个月开展安全预评估。按照《城市轨道交通初期运营前安全评估管理暂行办法》要求，建立专班积极组织评估相关材料整理、编目、成册成卷工作，并与政府主管部门选定的评估机构进行对接沟通，根据审查意见逐一整改落实，在正式评估前顺利完成5个主要报告《初期运营准备报告》《建设情况报告》《自评自证报告》《空载试运行报告》《公交接驳方案》及相关辅助资料。

（9）新线开通宣传。

①文明出行宣传。空载前由运营管理单位会同市级宣传单位开展“进学校、进企业、进社区”安全文明出行宣传活动（图4-13），委托专业机构拍摄安全文明出行宣传片，在列车、车站及相关媒体进行播放，同时结合线路标示标牌的安装，全方位、多角度展开宣传报道，进一步加强市民安全意识，有效引导正确出行方式。

图4-13 文明出行宣传

②开通初期试运营宣传。围绕线路开通时间、线路部分亮点及特色、线路正式开通试运营情况等内容，拟定相关新闻通稿，通过公司新媒体平台、国家及省市媒体宣传平台宣传，如以“一线员工正式亮相”为主题，展示青春浪漫的员工风采以及缱绻惬意的有轨时光；以“我心中的有轨电车”为主题，展示重点及特色站点，呈现开通后带来的便捷换乘、舒适出行。做好外宣的同时，积极开展集团及运营公司内部宣传，围绕联调联试、轨行区移交、场段移交、空载试运行启动、开通前综合演练等关键节点，凝聚员工奋进的力量。

4.2.3 经验与创新

1）经验

（1）建立人才培养体系。

蓉2号线为成都第一条运营的有轨电车线路，公司采用多样化的培训形式，有效开展运营筹备人员培训。

①“送出去”进行基础培训。组织部分行车关键岗位前往国内有轨电车运营单位进行运营经验学习，组织司机前往车辆供应商进行实操培训提前了解车辆特性，组织设备维保人员前往设备供应商参与生产提前了解设备特性。

②“请进来”进行业务赋能。邀请公安局、交管局、公交运营单位进行道路法规、应急处置、驾驶技能、反恐防暴等应急培训，邀请保险公司对司机进行保险理赔现场取证培训。

③“强根本”开展内部提升。结合公司三级应急预案制定演练计划，开展应急处置联动、救援连挂等强化培训，同时组织运营人员参与工程建设，提前了解线路系统特性、制定优化策略、把握培训重点。

④“老带新”提升培训实效。结合生产岗位分批到岗的特性，组织优秀老员工带教新员工，有效提升培训实效，确保全员持证上岗。

（2）树立“运营前置”筹备理念。

蓉2号线首开段和非首开段建设与筹备期间，公司秉持“以人为本、运营为要”的理念，坚持运营需求为导向，强化顶层设计，以提升系统安全、行车效率、客服水平为目标，将“一切为运营”的工作思路贯穿项目规划、设计、建设全过程，突出运营前置，提前考虑运营需求和群众出行需求，努力将问题、缺陷和隐患消灭在开通运营前。

①把运营前置理念置入设计全过程。按照“运营前置、全程参与”的思路，全程参与到设计的各个阶段，结合地铁运营经验，从工程可行性研究到初步设计，再到施工图设计，大到对运营交路、存车、折返能力，系统设备选型，小到对房间布局、导向标识安装等细节提出建议，既避免了建设过程中功能调整导致的变更风险，也减少了工程实施后留下“遗憾”的可能。

②将运营需求落实到工程实施中。深度参与线路功能定位、技术方案讨论、运营场景研究等工作，并结合行业发展方向和运营需求，形成功能需求清晰、接口分界明了招标采购文件，安排专人从全程参与招标采购、设计联络各阶段，到建设过程中不断对系统功能和工艺质量进行优化完善，实现运营需求的全覆盖。

③建立问题闭环管理机制。提前制定各专业接管工作计划，与建设部门、施工单位等建立联络机制，充分发挥“运营前置”的优势。形成问题库管理机制，参与现场调试、施工配合，发现问题及时反馈建设单位整改，做到早介入、早发现、早解决，实现闭环管理，确保运营需求落地。

（3）优化维修组织模式。

①研究维保模式，构建专业队伍。坚持开拓创新，探索蓉2号线维保管理新模式，结合建设管理合同，综合考量“维保质效、经济效益、技术支持、应急响应”等方面，研究确定了“临管+全委外”模式。半年临管期间，联合参建单位有效组织维保生产作业，顺利完成各系统主要问题消缺整改工作。同步开展委外招标，确保在临管期结束前一个月委外单位进场，实现委外单位进场和临管退场无缝衔接。

②强化修程分级，提升应急响应。坚定“设备保安全”理念，采用分层分级管理的原则，对车辆、供电、信号等行车关键设备“精检细修”，提升自检故障率；对机电、票务等系统“经济适修”，合理扩大检修周期；对土建、装饰装修等专业“故障修”，减少人力消耗。结合有轨电车露天行车、开放路权的特点，组建了一支集故障抢修、交通应急、防汛抢险为一体的专业应急队伍，有效保障了正线安全运营。

③探索智慧运维，优化委外管控。坚持高质量、可持续的原则，充分利用通信综合承载网、车辆健康管理系统开展远程巡检、在线监测与大数据分析、自动化与机械化维保等工作，全力实践“降负债、降成本，提效益、提能力”的两降两提工作思路。深挖委外维保的技术潜力，培养骨干技术团队，提升应急响应速度与技能。从安全、质量、技能、管理、工装等方面建立科学的委外评价体系，形成良性竞争态势，积极引导委外与运营单位制度融合，合力提升维保质量。

（4）细化安全管理颗粒度。

蓉2号线安全管理存在输入风险大、全人工驾驶风险大、委外人员安全意识薄弱等难点，针对以上问题，公司多管齐下，细化安全管理颗粒度。

①采取物防手段降低安全风险。形成由司机、维保人员正线风险动态跟进反

馈机制，以对线路的安全风险区域加装安全护栏、采取安全措施封闭路口、补强安全标识标牌、选取重点人行过街区域安装减速带和防撞柱的方式推进行车外部安全风险管控，通过物防手段进一步降低人车、车车冲突安全风险。

②压实风险隐患管控。将风险管控工作纳入各部门重点工作目标，定期对风险再辨识成果及风险管控效果进行评比，对风险辨识全面、清晰，风险管控到位的个人、集体给予表扬或奖励。通过安全管理信息化系统中安全隐患排查治理模块，有效落实隐患排查、登记、评估、报告、监控、治理、销账的全过程记录和闭环管理，实现隐患排查有结果，隐患治理有效果。

③强化运营主客体安全卡控。深化社区联系工作，紧密联系沿线社区及学校，常态化开展安全教育。推进智能技术应用，提取信号系统数据建设驾驶曲线大数据系统，用数据定位问题，指导提升司机安全驾驶水平。总结驾驶经验，制定18项特殊场景驾驶规范，识别区间、路口动态风险等级，创立重点人员、地段、时段检查保驾机制，严控人员操作风险。根据有轨电车全人工目视驾驶特点，制定专项防范整治体系，切实提高正线风险防控能力。

④强化应急能力专业化建设。组建专业抢险队伍、综合应急抢险队伍及交通事故抢险队，在线路设置应急值守点，以满足30min内到达现场要求。建立应急联络机制，与交管部门、防汛办、天然气公司、市政设施管理部门等建立应急联络机制。建立社会应急力量协调机制，加大社会力量有序有效参与应急救援行动。

⑤提升委外人员安全意识。结合公司管理制度体系，从公司、车间、项目部、委外工班四层分级管理要求，对照委外差异化执行模式，梳理人员管理、安全培训、物资管理、安全履职、应急管理、故障处置、消防管理、防汛管理、施工管理、质量管理要求，形成委外单位安全管理模型。推行委外管理人员12积分考评机制，强化委外项目人员主观能动性。

2）创新

蓉2号线运营筹备工作有如下创新实践：

（1）精简组织架构（综合部）。

成都现代有轨电车公司是成都地铁运营有限公司的全资子公司，负责蓉2号线筹备和运营工作，相比地铁线路，公司实现了组织架构与岗位编制双精简。

①精简组织架构。按照“精简、高效、合理”的原则，形成公司“两部门两车间”组织架构；其中，综合部负责行政人力、财务合约、党纪工团等工作归口管理，安全和运营管理部负责行车客运、安全技术、设备工艺等工作归口管理，运营车间负责行车组织、客服票务等生产工作，检修车间负责设备维护、委外管理等生产工作，减少管理层级，实现扁平化管理，提高管理效率。

②精简岗位编制。按照“关键岗位自行组建，设备维保全委外”的运作模式确定公司人员编制，同时积极推行“一岗多能”进行岗位融合，将车场调度岗位职责融入行车调度（仅OCC驻地所在场段），信息调度岗位职责融入设备调度，派班调度岗位职责融入车场调度，实现岗位编制精简、人力资源运用效率提升。

（2）系统集成运用。

①深化综合调度系统运用。蓉2号线综合自动化系统是以行车指挥为核心的综合调度平台，实现列车运行监控、电力综合监控系统（Power Supervisory Control and Data Acquisition，PSCADA）、建筑设备自动化系统（Building Automation System，BAS）、PIS、车站广播（Public Address，PA）、CCTV、无线等弱电系统的集成，将行车调度、电调等多系统调度有机结合在一起，从而更好地为行车服务，以真正实现基于同一个软件平台实现更充分的信息共享、更快捷的联动功能。结合大综合系统设备特点，有针对性地细化了OCC内行车调度、设备调度和值班主任的岗位责任和作业组织程序，通过深挖系统功能、性能给调度班组赋能。

②优化综合承载网络服务和维护。蓉2号线骨干传输网和车地无线系统采用了综合承载，所有弱电系统共用一套骨干传输网系统，承载车辆、信号、通信、供电、通信系统等数据业务；车地无线系统承载了蓉2号线车辆、信号、通信、票务车地无线通信业务。通过综合承载大大节约了设备及光电缆投资的同时，大大降低了运营期备件采购，大幅减少了维护人员配置和维护工作量。结合综合承载网络集成度高、业务复杂的特点，有针对性地形成了一体化维护的服务和维护策略，一方面促进通信、信号维护工作的融合，同时采用综合承载网核心设备原厂外包服务，进一步降低综合维护成本；另一方面，较好地解决了数据孤岛问题，为后续智慧运维打下良好基础。

4.3　青岛城阳现代有轨电车示范线

4.3.1　工程概况

青岛城阳现代有轨电车示范线是山东省第一条有轨电车线路，由青岛公交集团轨道巴士有限公司（以下简称公司）负责运营管理。

线路一期工程（图4-14）正线8.77km，全部为地面线，设站12座，全线平均站间距为759m。在农业大学站与地铁1号线换乘。线路配备7列车。在线路始发站前旺疃站附近设车辆基地一处，占地2hm^2。全线设混合变电所7座。二期预留西延城阳火车站、东延惜福镇街道的条件。

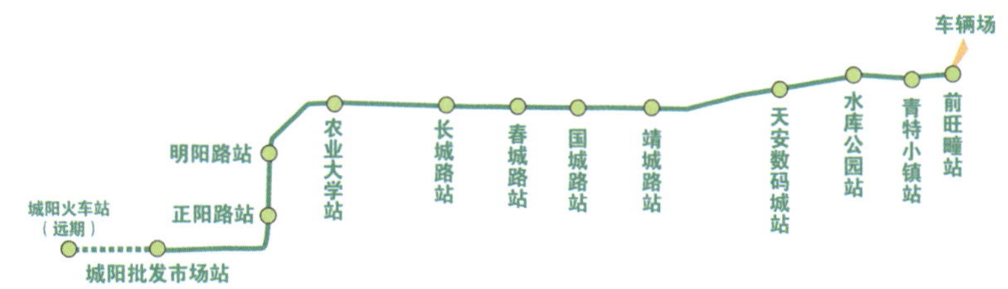

a) 线路图

b) 实景

图4-14　青岛城阳现代有轨电车示范线

4.3.2 思路与工作要点

1）筹备思路

青岛公交集团从项目工程论证规划之际提前介入，多方面、多层级、多渠道着手，对接项目实施方案和建设过程，便于及时解决后续运营关注热点及工程交接。

青岛市城阳区聚集中车四方股份公司、中车四方有限公司、青岛庞巴迪等轨道交通核心企业，生产的高速动车组占全国60%的份额，地铁车辆占全国25%的份额，被认定为国家级新型工业化产业示范基地，轨道交通产业集群产值达到1000亿元左右。运营筹备时要充分利用、发挥其作用。

青岛公交集团对有轨电车示范线运营要按照提出的“三高（高质量管理、高标准运营、高品牌创建）、二转（传统公交企业转型升级的载体、转换经营机制的载体）和一模式（全新的商业运作模式）”战略要求开展具体工作。

2）工作要点

（1）组织架构搭建。

公司按照高效运转、市级需要的原则，设置运营服务部、安全监督部、综合办公室、车辆基地、财务部、技术管理部6个部门（图4-15）；各岗位人员逐步配置到岗到位。

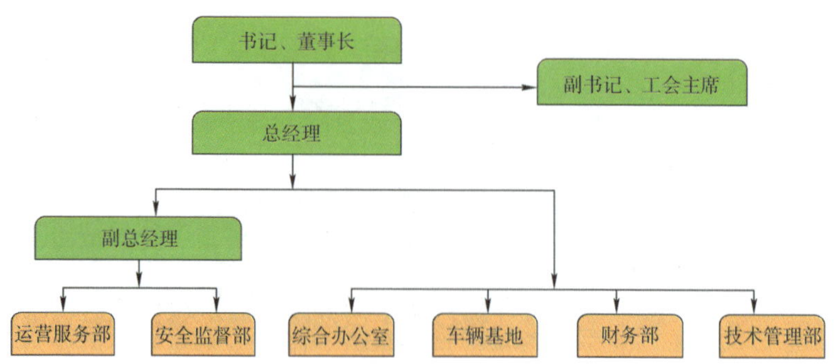

图4-15　青岛公交集团轨道巴士有限公司组织架构

（2）工程建设介入。

青岛城阳现代有轨电车示范线在2014年5月工程施工时，同步成立了青岛公交集团有轨电车指挥部运营项目部，派项目经理带队进驻城阳区有轨电车示范线工作指挥部，全程参与建设和运营对接工作。

（3）制度体系建设。

2014年，国内现代有轨电车并未大规模建设运营，各地运营模式不一，运营管理体系也都不尽成熟。公司通过对标国内成熟有轨电车公司，并结合公共交通项目运营管理特点，创建、完善有轨电车运营管理文件、标准体系，建立了包括应急预案、安全管理、客运服务、行车制度、技术管理、设备维护、岗位职责在内的共七大类70余个小项的制度体系，为试运营打下坚实的制度保障基础。先后顺利通过质量、环境、职业健康安全管理体系认证。通过实施体系升级、流程再造，推进卓越绩效管理模式，获得全国“交通质量奖卓越项目奖”“交通质量奖”。通过安全生产风险分级管控和隐患排查治理的“双体系”安全标准化管理，通过“安全生产标准化一级达标”评审。通过加强市场服务和社会满意度管理，获得全国首个有轨电车运营服务AAAAA认证。成为国内一流有轨电车运营管理企业。

（4）运营模式优化。

现代有轨电车既具有地面公共交通的通用性，又具有城市轨道交通的独有性，使得现代有轨电车的运营管理既区别于常规地面公交又不同于地铁与轻轨。作为一家有着百年运营历史的公交企业，青岛公交集团一直专注于城市公共交通客运业务，积累和沉淀了丰富厚重的城市公共交通运营、管理、服务、后勤保障等方面的经验。轨道巴士公司通过工程前期介入、试运行、试运营及正式运营等工作积累了丰富的城市轨道交通管理经验，创新性地将地面交通系统和城市轨道系统结合在一起，形成了独有的“城市公共交通+城市轨道交通”运营管理模式，得到了专家及行业的认可。

（5）应急能力提升。

公司从预防、预备、响应、恢复4个阶段建立起一套行之有效的应急管理体系，制定了包括自然灾害类、事故灾难类、公共卫生类、社会安全事件类等突发公共事件的21项应急预案。借鉴轨道交通运营突发事件的应急处置经验，结合自身试运行、试运营以来对应急体系及应急预案的检验和磨合，不断完善应急体系建设，并与区应急办等部门形成快速反应的联动处置机制，及时解决和处理轨行区突发情况和运营突发事件，保障有轨电车正常运行。切实开展各种应急演练，提升公司、政府各部门、市民对有轨电车的认知度及突发事件的处置能力。

（6）人才队伍建设。

依托青岛公交集团专业人才队伍成熟优势，经过层层选拔和全方位系统培训，成立了首批有轨电车司机、乘务员、调度员、安全和质量管理人员队伍。同时，以毕业生和社会人才招聘方式为补充，引进硕士、本科、专科人才，使员工结构呈现“年轻化、高学历、专业化”特点，为企业快速可持续发展奠定了坚实的基础。目前，公司独立承担现代有轨电车线路及强电系统维护工作，逐步摆脱了技术人才短缺，被动委外的尴尬境遇，既培养了运维队伍，也降低了运营成本。通过开展技术大比武、先进典型评树、“平安轨道”演讲比赛等活动，激励员工创先争优，形成了以“庄鹏工作法”“刘筱工作法”为标准的一线司乘作业规程，有力保障了示范线规范安全运营。

（7）员工培训教育。

根据城市轨道交通对运营企业的基本要求，提前选拔和培养城市轨道交通专业人员。选派调度人员到苏州高新有轨电车有限公司控制中心进行培训。组织司机到青岛海都心理健康服务中心进行心理健康辅导，顺利完成驾驶职业适宜性检测。建设过程中委托北京城建设计发展集团青岛项目部及中车四方股份公司等对工程建设、强弱电系统、信号系统、列车等进行系统的培训、考试，顺利完成有轨电车示范线项目各系统的技术对接工作。

（8）运营筹备管理。

城阳区政府、青岛公交集团、北京城建设计发展集团、中车四方股份在开通运营前成立项目联合筹备组，完成了冷滑热试、联调联试、空载试运行，负载试运行，模拟试运营等试运营前的相关工作，对有轨电车工程、车辆、运营人员及规章制度进行了全面检验，为有轨电车试运营工作做好各项准备，确保有轨电车试运营工作按照既定计划有条不紊执行。

（9）参与行业建设。

积极参与行业建设，参编了《现代有轨电车运营管理规范》《现代有轨电车运营安全评价规范》《现代有轨电车行车组织规范》等团体标准；2019年主编了中国城市公共交通协会团体标准《低地板有轨电车车辆验收规范》；2017—2020年，主编了青岛市《现代有轨电车营运管理规范》《现代有轨电车列车检修规程》《现代有轨电车控制系统检修规程》。此外，还协调政府主管部门尽快出台有轨电车的相关条例和法规。

（10）整合产业优势。

轨道交通装备制造是青岛市打造的10个千亿产业链之一，产品研发和制造能力居国内同行业领先水平。依托青岛轨道交通装备制造产业的优势，主导成立了由中车青岛四方股份、北京城建设计发展集团等9家单位组成的“青岛现代有轨电车产业联盟”（图4-16），在推广青岛城阳有轨电车示范线成功模式的基础上，通过整合建设、运营、配套厂家等单位资源，发挥各自行业优势，形成合力，打造具有一定影响力的有轨电车项目整体解决方案，引领行业进一步发展，迈向国内有轨电车发展前沿。

图4-16　青岛现代有轨电车产业联盟成立

4.3.3 经验与创新

1）经验

（1）有轨电车定位要明确，要有前瞻性，规划、建设和运营要考虑到城市后续发展。青岛公交集团2014年对山东省第一条有轨电车运营管理提出的“三高二转一模式”战略要求，至今仍符合国家和山东省委省政府关于新旧动能转换的要求。城阳区共规划了7条有轨电车线路，线路总长118km。青岛现代有轨电车示范线无论从交通出行、城市形象还是拉动经济增长方面，都起到了很好的示范作用。

（2）有轨电车线路的正常运行，要使可研、设计、施工建设、装备选购、运营管理等全面衔接，满足各方需求，运营管理必须提前介入。青岛公交集团通过提前介入，加强全面过程对接，顺利完成了各阶段工作。有轨电车示范线运行至今，没发生过一起责任事故和责任投诉。

（3）青岛城阳现代有轨电车示范线车辆技术成熟，稳定性好，故障率低；智能控制系统高度集成，有效实现控制管理，在后期的交路运营和并路运营中明显地发挥了互联互通的优势，降低了安全管控风险，有效保障了运营组织。

2）创新

（1）公司发挥传统公共交通企业的优势，结合城市轨道交通行业特点，创新性地将地面公共交通与城市轨道交通结合在一起，形成有轨电车运营管理的“青岛模式”，获得行业认可。2017年3月5日，在试运营一周年之际，成立了由青岛公交集团轨道巴士有限公司、中车青岛四方机车车辆股份有限公司、北京城建设计发展集团等单位组成的青岛现代有轨电车产业联盟，通过整合建设、运营、配套厂家等优势资源，组成强大合作伙伴，不仅打造有轨电车项目整体解决方案，而且引领我国有轨电车行业的健康稳定发展，创造出有轨电车发展的“青岛模式”。

（2）积极导入卓越绩效管理，加强流程再造与升级；积极参与各类规范标准的起草编制，形成完善的“青岛标准”。目前，公司为国内有轨电车运营企业第一个开展卓越评价和高标准化管理的企业，荣获的“交通质量奖”“运营服务AAAAA”认证都是国内首家。

(3) 积极响应国家“一带一路”重大战略决策，支持西部发展。2017年6月3日，顺利取得青海德令哈市新能源现代有轨电车项目经营权。该项目由北京城建设计发展集团采用EPC（Engineering Procurement Construction，设计采购施工）模式建设，选用中车四方机车车辆股份有限公司车辆，成为青岛有轨电车产业联盟合作建设有轨电车的一次成功实践案例，实现了有轨电车“青岛模式”“青岛标准”“青岛制造”的复制和推广。

(4) 鉴于城市轨道交通运营成本较高，公司以“成为国内城市轨道交通运营管理最佳企业”为愿景，以打造“运营管理、维修服务、人员培训、管理输出四位一体”的专业化公司为战略，从城市轨道交通产业链的下游，全面介入轨道交通的设计、施工及运营管理业务。通过商业运作模式的实施，青岛有轨电车示范线的东、西延线二期工程及3号线以PPP模式建设，采用TOD商业开发模式，以减少经营成本压力。目前，有轨电车司机培训公司已通过审批，正在筹建中。

(5) 加强品牌建设和推广，输出“青岛模式”的同时，输出“青岛巴士”品牌和文化，增加社会认同感和影响力，打造核心竞争力。

(6) 发挥国有企业的担当和主力军作用，继续推动行业发展，积极协调有轨电车相关标准和法律法规的出台，保证有轨电车持续健康良性发展。

4.4　南京麒麟科技创新园有轨电车一号线

4.4.1　工程概况

南京麒麟科技创新园有轨电车一号线（以下简称麒麟有轨电车）项目起点位于马群，终点位于石杨路，线路沿马群新街南延、北湾营街和运粮河东路敷设，沿线跨越绕城高速公路、仙宁铁路和宁芜铁路，途经百水芊城站、沧麒路站、中央公园站以及石杨路站等13个车站，全线8.95km，其中马群特大桥1.02km，马群站为高架站，其余12座车站为地面站，平均站距728m，与即有地铁2号线以及将来的S6号线、8号线、10号线及12号线衔接，如图4-17所示。

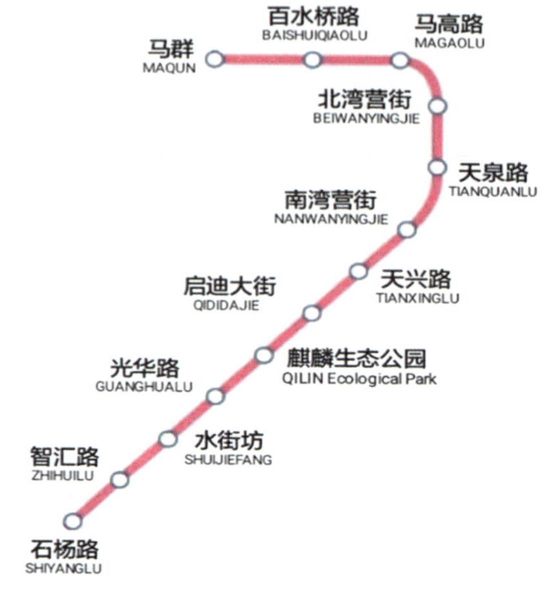

a) 线路图

b) 实景

图4-17　南京麒麟有轨电车一号线

正线线路采用半独立路权模式，即有轨电车线路在路段拥有独立路权，在交叉口采用平交，并与其他地面交通流混行。

有轨电车车站站台长60m，宽3~5m，能够满足大客流的需要。雨篷采用钢结构并安装90m的接触网，车辆进站后进行充电，区间除百水芊城爬坡段外，其余均不设接触网。站台设置车辆信息系统，让乘客实时了解车辆的到站时间、距离、站台名称等信息。

麒麟有轨电车车辆基地线选址于沧麒东路以西、纬七路以南、运粮河以东及杨庄路以北的梯形地块内。地块呈东北至西南走向，紧邻京沪高铁线，接轨于石杨路站，总占地面积约12.8hm²。基地主出入口设置于运粮河东路，作为主要人流与车流入口。次入口位于杨庄路满足整个车辆段的货物进出通道。作为保证有轨电车运营的后勤基地，麒麟有轨电车车辆基地包括综合楼，组合厂房一、二，物资库和洗车库以及必要的办公生活设施等。

车辆为100%低地板现代有轨电车，钢轮钢轨走行，采用车站接触网+区间牵引蓄电池供电模式。车辆长约32m，宽2.65m，车内无障碍通过，贯通道区域通过宽度最大，灵活的车门及座椅布置,大大提升了乘客通过能力和舒适性；车辆限界小，曲线通过能力强，最高运行速度70km/h，定员载荷300人，超员载荷382人。

车辆采用最优的模块编组形式，包含5个基本模块，其中1个转向架模块、2个转向架模块加司机室模块、2个悬浮的客室模块，互相之间用铰接装置相连，形成一辆车。整车包含3个转向架，中间为拖车转向架，两端为动车转向架，中间的转向架模块带有受电弓。

全线采用无接触网供电模式，仅站台区设置安全可靠的接触网，与站台建筑融为一体，不破坏城市景观；采用高能量密度的牵引电池，提供充足的续航能力，保障在运行线路的十字路口有较长的停车等待时间。

4.4.2　思路与工作要点

1）筹备思路

根据麒麟有轨电车建设状况及开通工作的要求，围绕麒麟有轨电车运营筹备

工作要点，分阶段完成人员筹备、项目介入及运营预组织等工作。

第一阶段：做好麒麟项目的跟进、基地的建设、重要岗位人员的招聘与培训及系统联调联试等筹备工作。

第二阶段：开通试运行期间，配合做好三权移交、试运营专家评审等有关准备工作，确保麒麟有轨电车顺利通过专家评审。

第三阶段：线路投入试运营，做好沿线的客流的调查及分析，根据客流情况、配车数量及信号优先情况等因素，制定并适时调整服务时间及运营计划。

2）工作要点

（1）项目筹备组介入。

根据南京河西有轨电车线路的运营管理经验，运营公司提早介入项目工程，实时掌握土建、机电安装、设备制造过程中的缺陷、缺点，跟进项目的实施进展情况。成立麒麟项目筹备组，入驻麒麟项目部，对土建、机电设备、轨道安装等工作进行监督。入驻后建立工程介入台账，对工程质量进行跟踪，形成《工程介入周报》定期向公司汇报工程实施、进展情况。

①介入车辆监造。

根据行业工作经验，监造过程能够发现车辆车体焊接、内装安装、线路布置、部件总成等制造阶段的许多问题。为了能够最大限度地避免车辆在制造过程中存在的问题，运营筹备期间安排车辆专业技术人员，对车辆的监造工作进行持续跟踪。

②编制验收标准。

为了能够使验收工作具有完善的流程、有效的作业标准，公司根据河西线在验收工作中的经验，编制麒麟有轨电车《电客车调试管理细则》《电客车预验收标准》，使车辆交接工作有章可循、有法可依。

③成立调试小组。

待首列车到段后，筹备组全程跟踪车辆调试情况，摸清车辆型式试验、系统联调、静态调试、动态调试中所发现问题，熟悉车辆功能及状态，为后期车辆的日检修做好准备工作。

④设备实施验收。

在三权移交前，编制《麒麟设备设施移交方案》，在各系统满足运营需求后，陆续对各系统设备设施使用权、管理权、指挥权进行接管。

⑤试运行保障。

为了符合轨道交通开通标准，试运行期间控制车辆、通号、供电系统设备故障率是重要工作之一。麒麟有轨电车试运行期间，针对设备实际情况，开展车辆、转辙机、信号灯、无线终端设备、弓网、电力监控设备专项检查及正线保障，保证发车计划正常兑现、正线运营故障率兑现。

（2）组织架构搭建。

①工程项目建设期。

运营公司在工程项目建设期间，组建了麒麟线筹备组，并于2016年8月26日入驻麒麟基地，筹备组设置了车辆、轨道、供电、通号、机电设备等多个专业的专业技术人员。

②试运营期。

南京新城现代有轨电车有限公司负责统一运营全市有轨电车，其中河西线于2014年8月13日正式开通试运营，麒麟有轨电车于2017年10月31日正式开通试运营，至此南京有轨电车项目跨越南京市建邺区、江宁区两个区属。为加强精细化管理和条块化管理，在试运营前，公司结合河西线、麒麟有轨电车的运营管理需要，将组织架构调整为一室四部二中心，即综合办公室、安全保卫部、运营保供部、技术机务部、计划财务部、河西管理中心和麒麟管理中心（图4-18）。

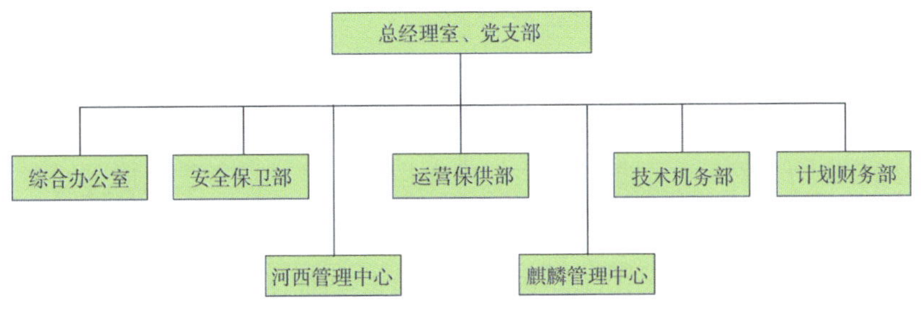

图4-18　南京新城现代有轨电车有限公司组织架构图

为切实提高试运营期间的应急处理能力，保证非常情况下能快速处置、快速恢复开通，运营公司还成立15~20人的综合救援小组，负责供电、轨道、车辆、信号等的应急救援。必要时将借助委外单位实施应急抢修救援。为高效处置事故、灾害和突发事件，运营单位明确了应急处理流程，以保证运营快速恢复。

（3）规章制度体系建设。

运营公司在筹备期间，以公司各部门为扎口，编制了以安全生产责任制为核心的安全管理制度；行车管理办法、车辆段及车站行车工作细则、调度工作规程和检修施工管理办法；客运服务质量标准、客运服务工作规范和票务管理办法；各专业系统设备的运行规程、检修规程和检修管理制度；各专业系统设备的操作手册、列车司机操作手册和故障处理指南等。

同时，为确保后期试运营有章可循，针对车辆调试及试运营过程中的不同类型、规模及社会单位情况，合理调动、分配麒麟线各专业力量，正确采用各种技术和手段，处置各种行车及生产问题，编制了交通事故、火灾、爆炸和列车脱轨等突发事件的应急预案；制定事故处理流程、乘客服务信息应急发布、乘客伤亡事故处置和运营事故调查处理办法。此外，根据线路运营特点，编制了体现潮汐客流特点的客运组织方案、发车时刻表和应急计划。

（4）开展员工专业技能培训。

在麒麟有轨电车筹备运营之前，运营公司已经储备了一定的专业技术人员资源，包括司机、站服、调度、技术人员等，在理论培训和实操培训的流程已经形成了“标准化”+“模块化”的培训体系。此外，根据麒麟有轨电车的项目特点，采用内培外训的模式，提高员工专业技能，适应线路特点，提前适应新线运营的工作环境。

①运营公司内培。

运营单位精心筹划，根据麒麟有轨电车运营环境及设备设施情况制定有针对性的员工内培方案（图4-19）。其中，调度已取得轨道交通调度资格证，司机取得P照和上岗证，组织站服人员为期50天的“轨道交通行车值班员、乘服员”上岗培训并取得上岗证，提前选拔取得维修上岗证及相关特殊工种证的设备维修人员。

图4-19 司机培训

②供应商设备操作及维护外训。

筹备组通过对接麒麟有轨电车供应商，协调并制定外部培训计划，组织开展了车辆专业相关培训；供电专业已完成10kV开关柜及保护装置、750V开关柜、动力照明配电柜的培训；通号专业完成道岔控制器、计轴、车载子系统、车辆段联锁子系统、运营调度子系统、电源系统、火灾报警系统的培训。

（5）车辆基地管理分配。

根据麒麟有轨电车的通勤功能，将运营公司本部的主要工作投入到麒麟有轨电车的服务与保障工作中。为方便对麒麟有轨电车的管理，将麒麟有轨电车车辆段基地划归公司内部使用。此外，为使麒麟有轨电车车辆段基地综合办公环境满足入驻条件，前期对基地办公楼进行实地考察，根据生产、办公的需求，配合项目公司对基地办公楼进行优化与调整。

（6）试运营保障工作。

由于有轨电车各系统初期稳定性较差，在开通试运营前期对运营组织的困扰较为突出，再加上麒麟有轨电车周边建设情况，预计开通后的客流将远超河西线，因而试运营期间的保障工作就显得尤为突出。

①机务保障。

为加强试运营期间的保障力度，在机务保障方面，公司在试运营初期针对试运营组织的需求，联合维保厂商、质保厂商、维修人员对车辆、通号、设备、供电、轨道进行专项检查。逐步完善车辆的日检、双周检、三月检三级修程序，并根据设备实际情况完成各系统设备的日、周、月、季度、年维修计划的编排工作，使麒麟中心各项生产管理工作基本达到运用条件。

②运营保障。

根据麒麟有轨电车配车情况及周边客流预测情况，公司初期计划实行“跑七备一”的运营计划，暂定线路服务时间为6:00—21:00，实行双班制。后期，根据麒麟有轨电车周边客流情况、信号优先情况、售票方式、站台封闭情况等因素对运营计划做出实时调整，以缩小运营间隔，满足线路试运营需求。

（7）试运营评审准备工作。

根据工程进展情况，跟踪试运营基本条件评审进度。依据南京河西有轨电车线路开通积累的管理经验及教训，结合麒麟有轨电车在车辆技术、线路状况、管理模式等方面的实际情况，运营公司对麒麟有轨电车管理制度进行优化和调整，使其更适合麒麟有轨电车的运营特点。结合工作实际及前期经验，对各项制度进行完善和修订，草拟及完善相应评审文件的编制工作。

（8）积极推进政策支持。

在河西有轨电车开通的基础上，运营公司提前谋划，积极与交管部门、麒麟管委会开展了关于路权分配、信号优先等方面的对接工作。

（9）开通方案策划。

南京新城现代有轨电车有限公司根据线路筹备进度，提前研究制定了《麒麟科技创新园有轨电车一号线开通计划书》，分解筹备工作、重点工作模板、联调联试、试运营评审、三权移交等重要节点工作任务，并制定了每个阶段的工作计划，总体布局，严格落实，保证了线路按照既定的时间节点完成开通工作。

（10）运营公司外部对接。

有轨电车运营涉及诸多外部接口部门和工作内容，各个部门、各个接口工作内容均需及时协调、落实。接口部门包括公安交管部门、城管部门、工商部门、消防部门、园区管委会等，接口工作内容包括路口信号规划、路面交通协调、城市绿化、票价政策、安保区管理、路面管养协议、环保协议、银行服务、押运服务、保安、保洁等。既有政府主导企业配合的工作，也有企业主导政府支持的工作，这些都在广泛调研、深入分析、及早谋划的基础上，确保在开通前得以解决，为顺利开通初期运营创造有利的外部环境。

4.4.3　经验与应用

1）经验

（1）提前做好线路客流分析。

根据线路周边环境特征，通过实地走访、民意调查等方式分析线路客流，根据线路沿线大量居民小区的环境特点，研判日出行人数和高峰小时断面客流。结合上述分析，通过对接协调出资方及建设方，制定麒麟有轨电车配车计划，麒麟有轨电车运营初期按照八列车“跑七备一”的运营计划，运营间隔最短约10min，可满足居民出行需求。

（2）关注信号优先情况对运行时间的影响。

麒麟有轨电车项目设计方案中正线信号灯共17个，平角路口与社会车辆、行人共享路权。若全线实现信号优先，按照每个路口平均可节省0.5~1min计算，单程运行时间相比无信号优先缩短10~15min，因此可有效提高旅行速度，减少发车间隔，满足麒麟有轨电车周边大量居民的出行需求。

另外，车辆的车载通信系统稳定可靠、沿线的通信基站覆盖面广等也是提高车辆信号状态的因素，若因信号不稳定、检测不到车辆信号，则无法触发信号优先，因此对线路周边基础设备的调研也是信号优先的重点工作之一。

（3）线路安全防护设施。

为加强有轨电车交通安全管理，宜在线路专属路权区间设置交通安全硬件设施，增加权限隔离护栏、标准化路口警示牌、警示桩、禁止停车网格线等，避免发生车辆、行人侵限等影响运营安全的情况，提高对轨行区的安全防护等级。

2）创新

南京有轨电车的原调度模式采用一、二级调度模式，即运营调度与维修调度分离制度。虽然二者所辖内容有所区别，但调度的共同点在于对公司现有设备及维修资源的合理运用与维护。创新前运营和维修调度存在着信息传递误差、及时性滞后等问题，同时，由于车辆及各系统设备在运行期间发生的故障存在突发性和不确定性，不仅要求调度人员具有一定的专业技术能力和故障甄别能力，而且对于信息传递的及时性与准确性要求极高。因此，为了提高运营效率和调度人员的综合素质，对运营调度、维修调度的职能进行调整，成立计划调度室，岗位划分为主调度员、副调度员负责所有运营生产资源的调配。

4.5 天水市有轨电车示范线

4.5.1 工程概况

天水市有轨电车示范线（一期）工程（以下简称一期工程）采用PPP模式建设，由政府方和社会资本方共同出资，政府出资方为天水市轨道交通投资建设经营有限责任公司（以下简称公司），出资占股25%，社会资本方成员为中国铁路通信信号股份有限公司、中铁十一局集团有限公司及中铁第五勘察设计院集团有限公司，出资占股75%。项目合作期为27年，其中建设期2年，运营期25年。一期工程于2018年7月开工建设，2020年5月1日开通运营。

一期工程线路全长12.928km，起于秦州区七里墩大桥北侧的五里铺站，止于麦积区翠湖公园人行便桥处的天水火车站，线路自西向东主要沿藉河和渭河北岸敷设，全线设站12座、变电所16座（图4-20）。全线设一段一场，设控制中心一座，位于车辆段内。初期配属车辆17列，采用5模块100%低地板钢轮钢轨现代有轨电车，最高运行速度70km/h，最大载客量370人，采用超级电容制式供电。

4.5.2 思路与工作要点

1）工作思路

运营筹备是组建运营团队、搭建运营管理体系的首要环节，也是项目建设期向运营期过渡的重要衔接，因此具有承前启后的重要作用。运营管理是一项专业性较强的系统性工程，运营体系的合理性直接关乎项目的产出效果和可持续发展。在开展筹备工作前，运营主体单位需要首先确定项目的运营模式以及项目运营的基本方向，为运营筹备工作奠定基础。一期工程采用自主运营模式，公司委托第三方实施运营筹备工作，并在项目设备安装、调试阶段成立了运营筹备组，负责一期工程的运营体系搭建工作。

图4-20 天水市有轨电车示范线（一期）工程平面布置示意图

（1）统筹规划，整体布局。运营筹备需紧紧围绕公司的发展定位，结合项目运营规模和外部市场环境，兼顾合规性、经济性、适用性原则，设计科学合理的运营组织架构，组建精简高效的运营管理团队。

（2）以人为本，体系健全。有轨电车虽小，但“五脏俱全”，运营筹备工作必须紧密围绕“人、机、料、法、环”全面设计。在筹备阶段，一是招聘、培养与岗位匹配的工作人员；二是采购生产物料和工（器）具等开办物资；三是搭建安全、质量、技术、运输、应急、综合等系列管理体系，编制各类规章制度；四是建立有效的内外部工作机制。

（3）运营筹备与工程介入相结合。运营筹备工作一般开始于设备安装调试阶段，筹备组应利用工程建设的有利时机，加强运营人员的实操培训和岗位练兵，有效提升运营人员的业务技能和系统操作熟练度。同时，运营团队应深度参与系统调试、试运行及设备验收等各项工作，从用户角度出发，全面体验、测试各系统功能，指出存在的问题并督促整改，有效提高工程建设质量和系统可靠性。

2）工作要点

（1）制定运营组织构架。

根据一期工程的规模大小、运营任务及运输组织方式等，本着职能健全、精简高效、管理幅度与运营能力相匹配、专业分工与协作的原则，一期工程运营管理采用扁平化管理模式，施行公司级、部门级、室（班组）级三级管理，公司共设置五部两室（维修部预留5个室），人员定编147人（图4-21）。各部门协同运作，全面负责一期工程的安全管理、行车组织、客运服务、票务管理、维修管理、财务管理及综合管理等工作。

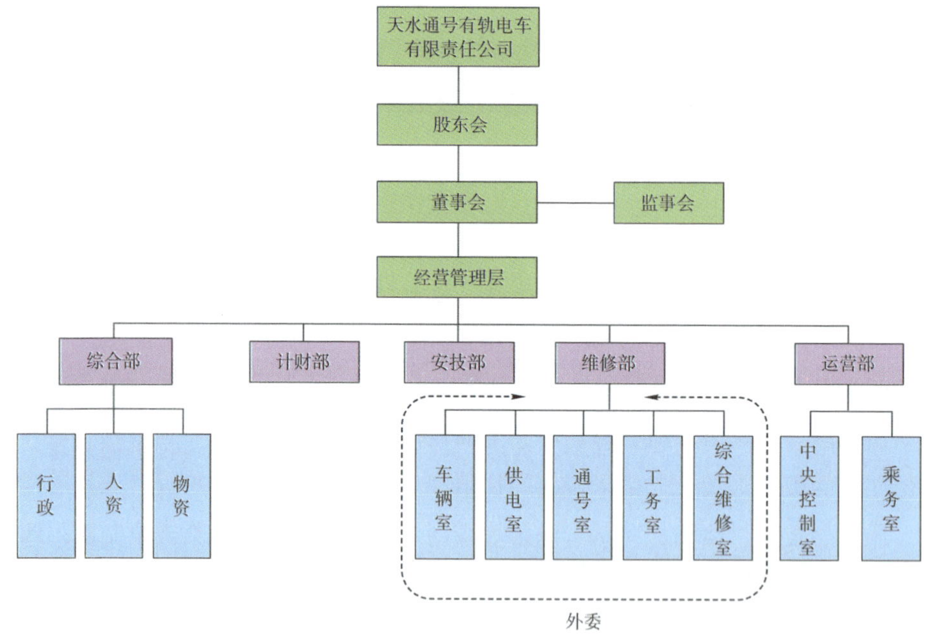

图4-21 天水通号有轨电车有限责任公司组织架构图

（2）员工招聘与培训。

人员招聘采用社会招聘、学校招聘和劳务派遣相结合的方式，校招人员以本地化为主，有助于提高公司整体稳定性，减少人员流失。人员培训方面，公司结合人员到岗情况提前制定培训计划，将司机、调度、客运员及安全管理人员等安排送外培训取证，培训周期为1~3个月，确保送外培训人员在培训期内顺利考取相应执业资格证，对其他岗位人员采用“送出去、请进来”的方式，进行技能和素质培训，充分利用厂家培训、导师带徒、实操教学、应急演练等方式全面提升员工技能，为开通运营提供技术保障。

（3）工程介入。

本着“早准备、早介入、早发现、早解决”的原则，运营筹备组主动深入建设现场，在“三权”接管前参与设备安装、调试等工作，监督设备安装及调试质量，建立工程遗留问题清单，并督促施工单位进行整改和功能优化，力争将问题销号在施工阶段，确保运营期各类设施设备安全稳定。

（4）规章制度建设。

“无规矩不成方圆”，科学完善的管理制度是公司高效运作的基本保障。为此，筹备组专门成立了规章制度编写组，制定完善的规章制度清单，建立了从初稿编写、内部讨论、领导审核到专家评审的规章制度编发流程，有效保障了各类文本的编写质量和适用性。筹备期间，共计编写发布各类规章制度108项，为公司规范化、标准化运营奠定了基础。

（5）争取政策支持，保障有轨电车合法权益。

一期工程为非独立路权轨道交通，全线采用开放式车站。运营初期，乘客不按规定乘车，路外施工扰动有轨电车设备设施稳定的情况时有发生。为规范有轨电车运营服务和安全生产，维护有轨电车和市民合法权益，明确政府相关部门的管理职责，天水市政府及时出台了《天水市有轨电车运营管理办法》，对有轨电车规范化运营，乘客规范化乘车，有轨电车安全保护等进行明确规定，有力保障了有轨电车运营安全。

4.5.3　经验与应用

1）借助外部优质资源，提高运营筹备效率

近年来，随着有轨电车迅猛发展，运营人才空前紧缺，致使一些新开通项目很难通过社会招聘获取足够数量和经验的运营人才。调查发现，国内部分新开通有轨电车由于运营人才短缺、运营筹备质量不高，导致开通初期公司运作不畅，各类应急事件频发。鉴于此，公司及时作出合理决策，将一期工程的运营筹备工作委托给具有成熟运营经验的专业单位实施，充分利用第三方成熟的筹备工作经验和完善的运营管理体系，补齐自身短时间内人才紧缺、专业性不足的短板，有

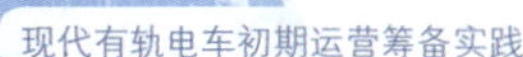

利于快速搭建运营架构和运营管理体系。最终，一期工程运营筹备仅用了4个月的时间便高效完成了各项筹备任务，大大缩短了运营筹备时间，提高了筹备工作效率。

2）“管理输入+技术输入+导师带徒”

一期工程开通前，运营团队中具有有轨电车运营经验的员工占员工总数的比例不足10%，部分岗位或部门更是出现“全新”现象，为了确保项目安全平稳运营，并尽快提升运营人员的业务技能和管理水平，公司创新了“管理输入+技术输入+导师带徒”的运营管理理念，即在开通初期（一年期），把运营管理职责全权委托给具有丰富运营经验的第三方单位负责，第三方单位配置适量的管理人员，带领、指导公司运营人员开展运营工作，同时第三方负责对公司运营人员进行一对一导师带徒教学，并确保在合作期内，各岗位人员的业务技能达到独立操作的水平。

实施“管理输入+技术输入+导师带徒”模式有效解决了运营初期公司技术和管理实力薄弱、运营能力不足的问题，并在最短的时间内实现了公司运营水平的大幅提升，真正实现了运营、培训两不误，起到了事半功倍的效果。由于第三方仅提供部分管理人员和技术输入，并非项目委外运营，因此不会大幅增加公司的运营成本，确保了效益产出最大化。

附录　本书涉及术语

1. 中文术语

（1）电车：按有轨电车规定编组、在轨道上运行、有车次号的电车车组等。

（2）列车：按有轨电车规定编组、在轨道上运行、无车次号的车组。

（3）调车：除电车在车站、车辆场的到达、出发、通过以及在区间内运行外，凡机车车辆进行一切有目的的转线运行统称为调车。

（4）进路信号机：用以表示进路、道岔的位置和状态，在道岔控制器区域内具有进路防护、联锁功能。

（5）路口信号机：设置在路口用以指引电车通过路口或停车的显示信号，与道路交通信号互为关联。

（6）车站：供乘客乘降、候车、换乘及电车到发的场所。车站范围定义为站台有效候车区域。

（7）正线：连接车站并贯穿的线路。

（8）辅助线：供电车折返、停放、转线及出入段作业的线路，包括渡线、存车线、折返线、出入场线的线路。

（9）车场线：车辆场范围内的线路，包括车辆场走行线、牵出线、试车线、列检线、洗车线等。

（10）区间：车站站台区域对应轨行区以外的正线站间线路区段。

（11）运营时刻表：电车在车站（车场）出发 、到达（或通过）及折返时刻的集合。

（12）电车运行图：根据运营时刻表铺画的运行图，即电车运行时间与空间关系的图解，表示各次电车在各区间运行及各车站停车或通过状态的二维线条图。

（13）联锁：信号系统中的信号、道岔和进路之间建立的一种相互制约关系。

（14）车辆限界：车辆在正常运行状态下形成的最大动态包络线。

（15）设备限界：车辆限界外的一个轮廓，它考虑了一定的安全量。任何构筑物及固定设备的刚性和柔性运动，均不得向内侵入此限界。

（16）建筑限界：设备限界外的一个轮廓，任何建筑物均不得侵入建筑限界。

（17）路权：交通参与者根据交通法规的规定，一定空间和时间内在特定区域内进行交通活动的权利。路权形式分专用路权、半专用路权、混合路权三种路权占用形式。

2. 中英文术语对照表（附表1）

中英文术语对照表 附表1

序号	英文简称	中文全称	英文全称
1	ATC	列车自动控制	Automatic Train Control
2	ATO	列车自动运行	Automatic Train Operation
3	ATP	列车自动防护	Automatic Train Protection
4	ATS	列车自动监控	Automatic Train Supervision
5	BOT	建设-经营-转让	Build-Operate-Transfer
6	CBTC	基于通信的列车自动控制	Communication Based Train Control
7	CCTV	闭路电视	Closed Circuit Television
8	CI	计算机联锁	Computer Interlocking
9	DCS	数据通信系统	Data Communication System
10	I/O	输入/输出	Input/Output
11	IBP	综合后备盘	Integrated Backup Panel
12	LED	发光二极管	Light Emitted Diode
13	LTE	长期演进技术	Long Term Evolution
14	OCC	控制中心	Operated Control Center
15	PIDS	乘客信息显示系统	Passenger Information Display System
16	PIS	乘客信息系统	Passenger Information System
17	PPP	政府和社会资本合作	Public-Private Partnership

续上表

序号	英文简称	中文全称	英文全称
18	PSCADA	电力综合监控系统	Power Supervisory Control and Data Acquisition
19	SCADA	综合监控系统	Supervisory Control and Data Acquisition
20	WLAN	无线局域网	Wireless Local Area Network
21	ZC	区域控制器	Zone Controller

参考文献

[1] 中国城市轨道交通协会.2021年中国内地城轨交通线路概况[R].北京: 中国城市轨道交通协会, 2022.

[2] 上海市住房和城乡建设管理委员会.有轨电车工程设计规范:DG/TJ 08-2213—2016[S].上海:同济大学出版社,2016.

[3] 中华人民共和国住房和城乡建设部.城市有轨电车工程设计标准:CJJ/T 295—2019[S].北京:中国建筑工业出版社,2019.

[4] 仲建华,李闽榕.中国轨道交通行业发展报告(2017)[M].北京: 社会科学文献出版社,2017.

[5] 王风云.现代有轨电车主要线路技术条件[J].都市快轨交通,2015,28(01):72-76.

[6] 中华人民共和国住房和城乡建设部.城市道路工程设计规范(2016年版):CJJ 37—2012[S].北京:中国建筑工业出版社,2012.

[7] 中华人民共和国交通运输部.公路路线设计规范:JTG D20—2017[S].北京:人民交通出版社股份有限公司,2017.

[8] 国家铁路局.铁路桥涵设计基本规范:TB 10002.1—2018[S].北京:中国铁道出版社,2018.

[9] 蒋丽华.现代有轨电车车站配线设计要点分析[J].城市轨道交通研究,2018,21(12):135-137, 141.

[10] 朱济龙.现代有轨电车系统概论[M].北京: 机械工业出版社,2019.

[11] 卫超.现代有轨电车的适用性研究[D].上海: 同济大学,2008.

[12] 中华人民共和国建设部.城市公共交通分类标准:CJJ/T 114—2007[S].北京:中国建筑工业出版社,2007.

[13] 胥燕军,林红松,王健,等.现代有轨电车轨道结构综述[J].铁道标准设计,

2014,58(07):58-62.

［14］高义洋.武汉光谷现代有轨电车无接触网供电方式分析［J］.工程技术研究,2017(02):135-136.

［15］潘雷,王秋平.有轨电车信号系统制式研究［J］.铁道通信信号,2021,57(02):83-87.

［16］宋嘉雯.有轨电车运营模式与运输能力研究［J］.都市快轨交通,2014,27(02):108-112.

［17］江苏省住房和城乡建设厅.现代有轨电车工程技术指南［M］.北京:中国建筑工业出版社,2017.

［18］中国土木工程学会.有轨电车工程技术导则：T/CCES 9—2020［S］.北京:中国建筑工业出版社,2020.

［19］张海军,胡军红,杨敏,等.现代有轨电车最小发车间隔及相关指标研究［J］.南京工业大学学报(自然科学版),2016,38(03):107-113.

［20］汉唐有轨电车.德国弗莱堡:一座把有轨电车开进大街小巷的城市［Z/OL］.［2018-07-07］. https://mp.weixin.qq.com/s/1xt8-cfFUzoeP4aapnWobQ.

［21］北晚在线.有轨电车为何提速回归京城?西郊线年底前开通多条线路正在规划[Z/OL].[2017-09-14].https://baijiahao.baidu.com/s?id=1578494660585387426&wfr=spider&for=pc.

［22］国务院办公厅.国务院办公厅关于保障城市轨道交通安全运行意见［EB/OL］.［2018-03-23］. http://www. gov. cn/zhengce/content/2018-03/23/content_5276875.htm.

［23］交通运输部.城市轨道交通运营管理规范［EB/OL］.［2018-05-21］. http://www.gov.cn/xinwen/2018-05/24/content_5293175.htm.

［24］交通运输部.城市轨道交通初期运营前安全评估管理暂行办法［EB/OL］.［2019-01-29］.https://xxgk.mot.gov.cn/jigou/ysfws/201902/t20190218_3166938.html.

［25］深圳市人民政府.深圳市龙华现代有轨电车运营管理暂行办法[EB/OL].[2017-

09-12].http://www.sz.gov.cn/zfgb/2017/gb1020/content/post_4953487.html.

[26] 交通运输部.城市轨道交通初期运营前安全评估技术规范:第1部分 地铁和轻轨[EB/OL].[2019-01-29]. https://xxgk.mot.gov.cn/jigou/ysfws/201902/t20190218_3166938.html.

[27] 中华人民共和国住房和城乡建设部.建设工程文件归档整理规范:GB/T 50328—2014[S].北京:中国建筑工业出版社,2014.

[28] 中华人民共和国建设部.城市建设档案管理规定[EB/OL].[2001-07-04].http://www.gov.cn/gongbao/content/2002/content_61378.htm.